雷姆·库哈斯——大都会建筑事务所

REM KOOLHAAS-OMA AMO

经典与新锐——建筑大师专著系列

雷姆·库哈斯

大都会

建筑事务所

〔意〕 杰尔马诺·切兰特 编著

杜军梅 译

王 兵 校

中国建筑工业出版社

目 录

　　　　　　　波尔图音乐厅，葡萄牙波尔图，2005年

深圳证券交易所大楼，中国深圳，2013年

一部建筑电影：雷姆·库哈斯

建筑师与他的建筑共同成长。它们建立一种本质上利他的复杂关系，并且将叙事结构置于场景的中心，这种结构不倾向于参照自我，而是渴望在现实中进行长时间的具体和策略上的互动。这种有用而功能性的假设属于设计伦理，它并不否认间接的认知和设计者，以及由于存在主义和历史主义因素所造成的草率。建筑就如同建筑师的身份，建筑叙述语言越清晰明确，建筑师的设计策略就越个性化。该身份的显现由不同时刻和预期的外部需求所决定，它们成就了建造"什么"和由"谁"来设计。这些都建立在特定的建设性关系之上，个体创造受到环境经验、社会与文化秩序等因素影响，确保其在多元空间中创造出特殊性。经由建筑师创造性的回应、个性与独特性之间的互动，我们能够解读他与世界之关系的差异。设计者通过建筑的外部性，以及蕴含其中的深刻的内在性，构成其物质关系与建筑文脉路径的根本。

库哈斯的作品通常是根据具体情况发展成的建筑设计策略，我们可以发现新的维度，往往是从湮灭的信息嬗变为设计的解决方法。他对持续性的研究虽然不太正式，但几乎直指本质。其设计结果通常类似从天而降、之前从未存在过一样。对于"不一致的一致性"的渴望，其建筑不断变化，契合一个地方和另一个地方。徘徊和摸索现实城市中理性与非理性的突破口并攻克它们，采用基本材料作为建筑语言来诠释空间和功能。从这个意义上说，库哈斯从不屈从于对具体情况进行独立思考的诱惑，不屈从脱离现场的设计形式或解决方案。换言之，他采用了针对现状而产生的极其严苛的原则：试图采用一手资料解析问题，以便抓住现状中可操作的一瞬。

抛开任何先验的判断，唯以一贯的理性回答建筑、场域和基地提出的问题。从这种方法所倡导的是将设计条件与终极现实相联系，区分设计语言与形式主义的束缚，以得出一个最"贴合"现状和周遭的结果。当然从实践中创造一个像电影或照片故事那样的建筑语汇和动态图像系统，是年轻的库哈斯从20世纪60年代初期就专注其兴趣的事情，以寻找一切可能的方向。从这条路径伊始，追溯其留下的痕迹和文档[1]，我们可以绘制出其设计生活和相关活动的画面来讲述库哈斯的故事。从后期发展的角度讲，库哈斯的建筑皆可以看成唯一和独特的建造，是不复制自己设计作品和经验的意志的经典案例。库哈斯最初的经历是从通过与一个由希尔特曼（Gustavo Bernardo José Hiltermann）领导的自由杂志——《海牙森林邮报》（Haagse Post）的合作开始。该杂志倾向于探讨年轻一代关心的文学和社会、电影和艺术类的话题，从Nul组合（Nul Group）到画家阿曼多。库哈斯的第一份新闻报道提议采访建筑师康斯坦特（Constant），其新巴比伦设计旨在为未来居民服务。作为非乌托邦而是真正的回应，该城倡导"生活成为休闲，劳累过后的休息。"[2]库哈斯的报道采用图文结合的方式，展示了该项目的理论和设计策略的重要性，以及与情景理论的联系。

库哈斯总是试图交织和混合美学与政治，以避免艺术与基于颠覆性概念的普通项目之间制造分离的危险。因此寻找答案的迫切变得亦真亦幻，并且充满了诗意的价值。对于总体和"统一"的城市规划愿景（居伊·德博/Guy Debord）涵盖了所有可能的形式语言——从建筑到游戏，从经济到艺术，在消费者社会中并没有给予保守派任何优待。这是一个没有既定目标的、包括所有行为的包容性思想的建议。一个与生活质量的愿景紧密相连的"连续介质"。独特的分析和解决的方法铸就了库哈斯的两个事务所：OMA和AMO。针对每个设计项目加以360度思考，这样得到的设计方案就不会与

1 巴特·洛茨玛（B. lootsma），库哈斯（Koolhaas），20世纪60年代的康斯坦特和荷兰文化[DB/OL].（2007-9-4）http://www.architecturaltheory.eu.

2 马克·维格利（M. Wigley），康斯坦特的新巴比伦[M]//欲望的超级建筑. 鹿特丹: Nai 010出版社, 1998: 展览（1998年11月21日 至1999年1月10日, 鹿特丹, 当代艺术与当代艺术, "康斯坦特——新巴比伦"）。

给定情况相脱离，从而实现一个完全的解决方案。实际上，完全接受项目的总体条件，意味着必须依据建成环境的给予与发现。同时，它实现了抹除原场所记忆和各元素构成的原文脉的可能，从而创造一种新方式去赋予现存元素新含义。

根据康斯坦特的建筑情境主义的归零计划，库哈斯在2001年洛杉矶市立美术馆的博物馆的方案采用了激进而完全的清除策略，通过奇异的形式主义和媚俗手法，表达了美国中产阶级的品位。而康斯坦特的欧克米尔体育馆（阿姆斯特丹，荷兰，1963年）入口雕塑的形式和造型，可以类比中央电视台新址大厦（北京，中国，2002-2012年）；而建筑模型、可塑性和互动的动态关系，则使得新巴比伦的影子投射到特雷斯大图书馆（巴黎，法国，1989年）和超建筑（曼谷，泰国，1996年）项目上；其中内部空间、技术的流动性体现了满与空的概念，从而产生克服重力而灵活的动的情节。库哈斯从1978-2000年出于在理论层面交流的需求，通过对复杂的实际研究的著作与文章，向客户和公众呈现其各种观点。库哈斯以其研究和验证的材料，出版了一系列的著作，包括1978年的《疯狂的纽约》、1995年同布鲁斯·毛合著的《小，中，大，超大》，到2001年的《突变》[1]。库哈斯未来实践的另一个基本方面是出现了另一种设计语言——电影；它超越了个体创作和艺术偏好，肯定集体的力量，旨在表达愈加以全部生活为标志的社会。1965年，他联合编剧、制片和演员，同摄影师和荷兰纪录片导演，录制了一个短片段《1，2，3狂想曲》。工作人员包括勒内·达尔德（Rene Daalder）、塞缪尔·梅耶凌（Samuel Meyering）、简·德·邦特（Jan de Bont）、弗朗斯·布罗迈特（Frans Bromet），因为他们的才华而成为好莱坞的著名工程师和电影演员。

从这个经验开始，更多演员和编剧加入到其中。作品包括1966年由弗兰斯·薇兹（Frans Weisz）导演的《大佬女孩》，1969年由勒内·达尔德导演的《白奴》，库哈斯似乎得到了在作品内部寻找诗意和创意的能力，既非自我指涉也非表达自我；这里的主体是作为中心的但又摆脱了任何个人的、私密的和隐秘的因素。

1 库哈斯的完整书目信息，请参阅本书第119页。

康斯坦特，欧克米尔体育馆入口，荷兰阿姆斯特丹，1963年

从电影到建筑的过渡发生在1968年，库哈斯在伦敦建筑联盟学院注册学习。其时学校是推动设计新面貌的中心，新建筑被命名为"激进建筑"。穿过贝德福德广场的教室，应彼得·库克（Peter Cook）、塞德里克·普莱斯（CedricPrice）和建筑电讯组（Archigram）的邀请，所有代表都是富有远见和幻想的，包括意大利的建筑伸缩派（Archizoom），UFO和超级工作室（Superstudio），奥地利的汉斯·霍莱因（Hans Hollein）和莱蒙德·亚伯拉罕（Raimund Abraham），德国的豪斯—鲁克尔合作公司（Haus-Rucker-Co），日本的新陈代谢派（Metabolism），美国的蚂蚁农场（Ant Farm）和彼得·埃森曼。他们是改变建筑发展进程的主角，意图打破与溶蚀传统规范的限制；借鉴从艺术到电影、从设计到制图，为建筑领域注入另类的语言。他们中很多人被邀请到建筑联盟学院任教，协同相关新艺术创作的成果；这些新艺术包括意大利的贫穷艺术、观念艺术和大地艺术，1972年库哈斯开始担任学生协调员；同年他创作了一个"激进"的方案："逃亡，或建筑的自愿囚徒"[1]。

贝克特式的标题似乎表明从建筑师的范畴来看，很难放弃成为无意义法则的奴仆。这几乎是一声呐喊，呼唤进行了一次对设计理想的新旅程，其过程关乎生活、延续和永恒。目的缺失的发现只是为了延续虚无的神话。为了避免建筑如此平庸而简单的停滞，库哈斯寻找到一种惊鸿一瞥的新设计，使人看到并感受到脱离现代思想乌托邦式理想主义和神秘主义之外的强烈冲击：形式主义的对立面即是无形式。从失败中寻找不同的可能性，这驱使他采用极端的解决方案，处理理想和低级建筑素材的现实两者之间不安全和不确定的关系；这样虽不能产生形式，却能审视场地的给定情况。

从1972年库哈斯蛰伏于美国，积累相关知识。期间他参加奥斯瓦尔德·马蒂亚斯·翁格尔斯（Oswald Mathias Ungers）在康奈尔大学的课程并工作在纽约建筑与城市研究学会（Institute for Architecture and Urban Studies），接受彼得·埃森曼的指导。从1975年开始参与一些居民区与城市的设计竞赛。也是在1975年，他与玛德隆·威森朵尔普，埃利亚，佐伊·增西利斯一起成立了OMA（大都会事务所）。这些项目延续到20世纪80年代，不断思考关于城市再利用和复兴的理论假设和提议，从鹿特丹到柏林，众多项目中只有1987年荷兰海牙的荷兰舞蹈剧场落成。

1 与玛德隆·威森朵尔普，埃利亚，
佐伊·增西利斯一起创作。

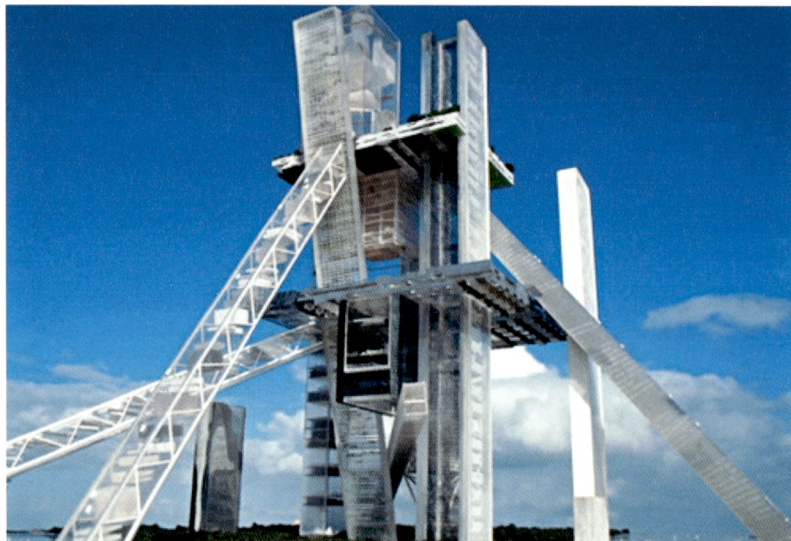

上图：康斯坦特，嬉时空，1959年

下图：超建筑，泰国曼谷，1996年

这一时刻，一种建筑语言消失了，而另外一种开始登场：理论给实践留出空间，比如在天井别墅（鹿特丹，荷兰，1988年）和波尔多住宅（法国，1994-1998年），建筑通过客户的实际需求实现自我表达。

设计逻辑是"动机"的结果，而不是追求一个城市规划研究般的对的、一致的，或者纯粹的和理论性的答案，却是所有可能需求和一个真实构思的明确阐述。这些建筑各个部分超过预期的惊人共存似乎是在响应使用蒙太奇手法编辑素材的电影拍摄过程，这些素材反映了独一无二的现实，没有任何科学和逻辑可以改变它。其身份介于新闻记者和纪录片编导之间，当时的情况被记录下来："某种深层次的需要推动着我进行记录。但它并没有结束于此，因为这记录会变成具有创造性的东西。它具有连续性，记录概念产生的开始。我通过这种方式关注一种独特的语言记录并生产。"[1]而如果这些建筑能够自由表现，其客观性是纯粹的用户诱发的纯粹内容。因此，抛弃既成程式，创造绝妙构思，对意愿与必要性的回应。然而这是一种理性的衰败，特别是国际主义和现代主义，从欧洲到美国引领了积极的实践，对其尺度与不连续的反驳与否定形成新的模式，并产生极度而令人目眩的流动建筑。

无论天井别墅还是波尔多住宅都背离均匀布局，背离了源于勒·柯布西耶和密斯·凡·德·罗所演绎的思想和逻辑语言的严格和理性，清空诸如空调和电梯之类的建筑的新项目和创造；而创造了一种无序，使塑造空间的材料获得尺度上的自由。事实上，天井别墅蒙太奇般的住宅组件似乎由电影的剪辑手法而来，尤其是让·吕克·戈达尔（Jean Luc Godard）的手法，根据其电影中消极时刻，寻找建筑的、积极的空间体验。

也让人想起约翰·凯奇（John Cage）和他的静谧，20世纪60年代的东方思想和禅宗影响了他的文化和哲学构成。库哈斯的设计的空间中使用了一些活跃和可塑的元素。其结果是创建一个各元素组成的场所，将各元素采用开放逻辑的组合方式联系其间，高效而舒适地服务客户的个人使用。同样，空间被设置在波尔多住宅中间位置，不同的是仅仅在建筑空间中采用了移动新技术：电梯。它成为各楼层多重关系的焦点，几乎是垂直的同心圆的漩涡，它辐射了三个楼层的用房，服务于一个因为意外而只能坐轮椅的客户。

这些静态与动态的空间的实体化，引发了一场对未知领域的设计对话，但却肯定是地与现实相连接，可以说是"没有摄像机的电影里的空间"[2]。在巴黎的特雷斯大图书馆设计中库哈斯展示了自己的设计潜力和项目控制能力。这里的"拒绝建造"[3]迫使他在建筑立面上用挖洞的形式并通过四部电梯的运动使内部空间变得生动。超越物质的纯粹与密斯·凡·德罗的抽象般的动态空间的成就以造型和衔接为特征。可以围合也可以流动的中空的部分成为半多功能的空间，它以可以静止、可以移动的姿态，成为建筑设计中央的主角。泽布鲁日港海运码头（泽布鲁日，比利时，1989年）也是一样，成为旅游和运输的中心。几乎是膜拜大海的当代的万神庙，也同时表达了全球性的航海。设计的各部分以强调"球形"为目的，围绕一个点旋转，以周长呈离心状，凸显建筑物部分圆锥体的面貌。

1 吉·西格莱尔. 在《索引杂志》对雷姆·库哈斯的采访[M]//桑福德·坤特，马可·拉伊诺. 雷姆·库哈斯迈向建筑极致. 米兰：Postmedia Books出版社，2002：65.

2 雷姆·库哈斯. 点并在顶端[M]//桑福德·坤特，马可·拉伊诺. 雷姆·库哈斯迈向建筑极致. 米兰：Postmedia Books出版社，2002：45-61.

3 雷姆·库哈斯. 与学生的对话[M]. 休斯敦：普林斯顿建筑出版社，纽约莱斯大学建筑学院，1996.

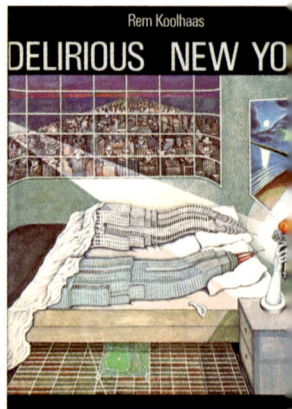

空与满、无形与实体、缺席与存在、理论与实践的两极性表现在AMO的成立。2002年，AMO加入1975年建立的OMA中。一个双生且平行的工作室，其任务在于给予建筑实践的理论和哲学可视性，OMA致力于项目的建造和实现。它形成了建筑的另一方面：把思想具体化为场地，对于城市与社会的问题的进行回应。

皮拉内西（Piranesi）工作室几乎是创新性的建筑假说的成型空间，这些建筑假说往往演绎出建筑实践。这是一个智库（think tank）式的工作室，在这里不仅可以看到建筑师而且也可以看到来自各大学的学生。这里促使人们摒弃一切自身和当下的成见，而是建立一个对于纯形式的最佳认知条件，确立身份认同和建筑根源。

左图：雷姆·库哈斯，玛德隆·威森朵尔普，埃利亚·增西利斯，佐伊·增西利斯。逃亡，或建筑的自愿因徒。长街，1972年现代艺术博物馆，纽约。

右图：《癫狂的纽约》封面，1978年

虚与空的一致性

如同建筑师所说，在项目的预期中，"虚无图像"[1]决定了建筑的发展。积极与消极共生，未感知与感知相随，无尺度与尺度相交织，正如ZKM-卡尔斯鲁厄艺术与媒体中心（卡尔斯鲁厄，德国，1989-1992年）、近期的CCTV总部和西雅图中央图书馆（西雅图，华盛顿，1999-2004年）[2]等项目证实的那样。在空与虚的维度中重新注入信息和创作活动，充分利用了数码科技。这里生产通过外观及展示界定，非物质的东西与工艺和实物产品相对等。ZKM的重点是由于广播、电影、电视、电脑的再利用，使得视觉艺术领域发生了深度变化。这个项目旨在表达艺术媒介去现实化的复杂维度，从具象的绘画和雕塑到传媒的表达性，传达含有和保存虚拟图像的信息。库哈斯将建筑工作转变为技术和交流的延伸。如此，火车站被整合进了传统的实体运输体系统。将火车流线与图像的路径平行布置，以一种新的艺术的方式诠释现实，传达理念和预见。于是，建筑变成一座有动力和创意机器，类似"电子的包豪斯"[3]，这促进了从具象到抽象的视觉世界的旅行。从而实现了建筑空间和远程屏幕的结合，激增了时间和地点的无穷潜力，创造了信息和快速运动的格栅。建筑被诠释为成不连贯的带状，由自动扶梯和电梯、楼层和表面组成，其分散的布局提供了视觉概念的连贯性。因为其产品与快速交通的概念和图形相约束，很难对其下定义，只能通过体验：一个强调操作时刻与相互关系的程序性的建筑。

对于"虚"的反思，带着建筑外部空间的建议重新进入城市领域。库哈斯和OMA自1982年以来专注于解构建筑的确定性，并努力将无序与空间相结合，由此通过对"新"的追寻让其他类型的思想和设计进入这个领域。一些项目中可以看到城市方面的回应，如维莱特公园（巴黎，法国，1982年）、新城（默伦·塞纳尔赫，法国，1987年），里尔会议展示中心（法国，1990-1994年）：这些关

1 雷姆·库哈斯. 畅想虚无[J]. 今日建筑，1985年（238）.

2 西雅图中央图书馆，与西雅图LMN事务所联合建造。

3 雷姆·库哈斯. 纯真年代的终结[M]//雅克·卢肯OMA. 雷姆·库哈斯. 米兰：Flecta出版社，1990：165.

于"空"的案例被定义为"皮拉内斯式的空间",除了提供物理和美学的价值之外,也强调了精神与伦理的架构。恢复了建筑中迷失的原始而无序的步伐。重视垂直移动上,而不仅是水平非对称上。通过周边建筑的缺席获得的东方的感觉成为自身宣泄的通道。此外,曲线形成的类似花园和湖泊的自然空间,与严整的体块元素成对立,从而界定和加强自身在城市中的形式。设计根据"空"相应弯曲,通过建筑潜在的动力作自由变形,实现其心理与精神的可见性,几乎可以说是更重视城市系统的吐纳而不是其骨肉。

在其他项目中,"空"被看作一种思考的工具。分析建筑外部与内部空间的有效途径。无论是艺术厅(鹿特丹,荷兰,1992年)还是荷兰大使馆(柏林,德国,1997-2003年),建筑入口坡道直通建筑内部各层,它同时是个非常明确的观察工具,使参观者思考满与空、礼堂与展厅、办公室与公共枢纽布置的辩证关系。这种耦合酝酿出一种感知。它创造了一个辩证的游戏,在此外部与内部对应,就像其自身的一部分一样。此外,荷兰大使馆极大地证明了建筑的"满"与内部广场的"空"之间的对话,被一种居住和结构性元素所围合。而建筑的总体体量遵守了柏林的城市规划,整体成为过去及将来凝固在一起的参照:可感知的"满"与难以体会的"空"之间的相互渗透,表达了真实与虚构的未来转换以及种族与文化的交流。

在东方文化中,"空"的功能是积极的,书法作品是黑与白辩证,即字迹与底的关系。库哈斯的建筑中,轨迹与追踪的想法与书法有类似的地方。

写作与建筑作品有相似处,一个是城市里一个是在纸上留下印记。从荷兰建筑师的文章所散发出能量不回避设计态度的尖锐性。因此,从1978年的《癫狂的纽约》展现了认知转变的能力,转而加入实践并获得了更多的价值。这在互联网技术发展的20世纪90年代加快了速度,在2002年带有幻想与挑战意味的AMO加入了OMA。

最重要的是理论与哲学的研究让库哈斯发现了后工业社会新价值观的重要性。他看到并且认识到"购物"和"垃圾空间"的本质,空虚的生命和生活方式需要商业价值和消费主义。无意义的交换导致产生地球的内部急速扩张,通过这种方式产品创造了城市和建筑的结构,混乱又令人讶异。非洲的一些首都城市,例如拉各斯(Lagos)正在验证这一点。

为了可以觉悟这种意外的巨变,库哈斯和OMA/AMO开始制作出版物,该系列专辑充满书写和摄影的记忆,这些很好的题材捕捉了关于中国和尼日利亚的建设性的社会和环境加速时期的具有破坏性的方面。形成的一个小册子和创意集在柏林新国家艺廊的展览中面世,比如《小、中、大、超大》,或《内容》中的特殊数字;2004年经过再版。这些出版物的内容与形式包括文字和图片、漫画和杂文、图表和拼贴、采访和模型、实现和未实现的工程,按照大小规模分类。

上图：艺术厅，鹿特丹，荷兰，1992年
下图：会议展示中心，里尔，法国，1990-1994年

这些出版物建立在对过去的提炼和对未来活动的预测上：一种植根于消费的欲望和激情的"幽默"设计的延续，它阐述了其症状和对当今仍有意义的警示。而且，在所有重要与神奇的力量下，都会出现关于"虚"的假说和尝试，像一面布满灰尘和错误的镜子，却能在"空"和没有被覆盖的地方闪耀反射。现在，经过建筑外部与表皮之间"空"的实践，如特雷斯大图书馆；或者在城市残留空间的塑形能量的明确主张，比如在阿姆斯特丹的史基浦机场项目（1998年），库哈斯开始发挥"空"的三维品质，告别了其建筑基本基于平行六面体和立方体的特性。例如之前用圆形或透明镂空的形态来打破墙壁，推动建筑内部的"空"扮演内部动态建筑表皮。

这标志着其设计飞越了原来的壁垒，并使它们具有了动感。其设计手法不仅仅是撕裂和穿插，就像在之前柏林的荷兰大使馆，而是通过外壳的倾斜和旋转，几乎就像一个可拉伸可变形的贝壳。建筑成为钻石似的、多切面的和多样性的形式，似乎是中心连接的楔形和胶囊的集合。首先是在Y2K别墅（鹿特丹，荷兰，1998年）项目，然后就是更复杂的波尔图音乐厅（波尔图，葡萄牙，1999-2005年），其流动性产生于棱镜的理念，即插入建筑内部而反映建筑外部。这创造了一个多面建筑，一个和谐但不对称的设计，只借助平衡和"空"的功能来实现。它看起来像充满了棱角的自生体块，却受到规则的控制。当然，波尔图音乐厅从礼堂到楼梯和大厅的内部，有着令人惊讶的厚度；各自之间相互独立，像狂乱的碎片却彼此之间保持连贯。它们是空间的结果，显示了公众与音乐活动的传递性。

这种具有非永久性特征的能量渠道是活力的象征，在过去和现在都是那么美丽，城市中营造的公共开放环境，透过窗户是蓝色釉面陶瓷砖装饰。时间与历史的感性认知，在"空间之间（the space in between）"[1]所创造的循环时刻，在寻找装饰的物理条件。它的布置和连接表现出融合而混乱的路径，似乎是插花的一个分枝，因为互相淹没和交织，可感知的元素尽量减少，以加强它们的视觉和塑性品质，瓷砖从白色到蓝色的设计也得到了提升。

重复而有变化的棱体形式在西雅图中央图书馆（西雅图，华盛顿，1999-2004年）项目中得以强化，通过阅读，冥想的主题产生了一个具有高度集中造型的建筑。透明和半透明的表面网格有利于专心阅读和知识吸收，唤起针对建筑内外观察与思考的训练。一个受到不同功能影响的建筑，通过楼层和平台反映了对知识的强烈欲望，多是源于体块彼岸花所产生的弹性和地块活力。这是内部空间与外部城市生机勃勃的本质之间的流动，就像使用理性的触感搅拌器的形式。精神上复杂而多样的活动的戏剧化，不能最终形成统一形式。这样，它的外壳唤起了众多节点，智力活动的网化为重叠、移动和多样的建筑。西雅图中央图书馆实现了一个过渡的和综合共生的建筑，一个拼图般的思维和操作的整体却没有丢失其独特性且融入了整体高质量：研究。

并且，鉴于库哈斯的设计似乎成为一个不同于现存的任何特定的方向，其效果变得内在。从波尔图音乐厅到西雅图中央图书馆和三星美术馆（首尔，韩国，2002-2004年），其建筑都存在功能和矛盾形状的同时性，但是结构上却没什么区别。它们似乎是以自我为中心的环境应用意义上的自我反映。相比于稳定的形式和静态，通过元素体块的共同作用，这些建筑自身详尽表述了旋转和变

1 罗伯托·加尔贾尼（R. Gargiani），雷姆·库哈斯/ OMA[M]，巴里：Laterza出版社，2006：64.

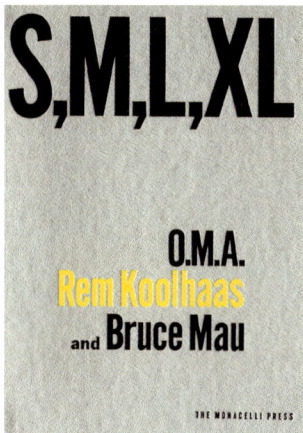

左图：雷姆·库哈斯和布鲁斯·毛，《小，中，大，超大》封面，1995年
右图：《内容》的封面，2004年

化。用惊人的手法结合表面和体块、材料和透明，主要意在传达它们的"动感"尺度。穿越内部与外部使一切产生关联，建筑成为一项延展的工作，类似音乐的传播和发散，完成书本和技术知识的自我积累。它是一个戏剧性的宣言，决定空间的活力元素在本质上没有定义、客体或是固定的目标。

朝向建筑身份自我建立的趋向为自身旋转的系统提供能量，正因如此，在波尔图音乐厅设计中没有出现一个完整立面，而是一个多个立面的总和，越来越趋于创造一个多维球形的建筑。在2006年，库哈斯与塞西尔·贝尔蒙德一起设计了伦敦蛇形画廊临时展馆。这是一个采用球形维度的白色半透明聚酯卵球形的充气棚。这是一个象征着理念和会议的全球传播的虚拟的集合:地面悬浮球体表示认知和知识的普世指向，一个基于先进的、简单和纯粹、完美和持续的基础上的全球共享的理念:形而上的结构反映了一个宗旨明确的、开明和坚固的社会。它是一个相信跨国流动性的建筑，是一个有灵活身份的建筑，不依附场所和自我:忽略场域信息和交流，转而通过社会定义其所有联系，超越国家所赋予的形式。

如果这是全球化和全球化趋势的命运，一个封闭建筑的稳定性自身不会受到数据和生存环境的腐蚀，危险日益增加，由此答案似乎蕴藏于游牧和流动的条件中。

于是，建筑被推向削弱固定而不可移动的构筑的厚重墙壁，用轻质而可读的墙使其自身进入"流动"。此外，传统居住"容器"式建筑的衰退，从弗兰克·盖里到格伦·林恩，倾向于将建筑的主体推向于多面体化形式。在这个意义上，库哈斯的回应则是2008年首尔的变形普拉达。它是一个具有动态外观的项目，因其自身旋转。根据四个旋转的立面，对应不同的基点。它提供一种类似轮船的空间，可以像生活在子宫里一样，各种不同的活动可以开展，比如电影、艺术、时尚和理念。另外，其便携性和轻质性使得它成为该公司特点的延伸。它是一个停留在建筑范围内，寻找一种策略，通过建筑的上升与下降至地面，适应不同的未来地域。

通过"空"的循环，关于多重性的讨论可以神话"莫比乌斯环"状的中央电视台新址（北京，中国，2002-2012年）的建造。作为中国最大的媒介系统所在地，这个项目通过连续的网格，反映其过程和形式的本质，显示了重复性的惊喜和魅力。它同时呈现了传统和创新，其中包括了信息与通信。其实验不仅在结构与地面之上，也开创了空中区域。通过物质和非物质、虚拟与现实创建均质宇宙。这所有的动作使一种方向成为可能，它鼓励不同的诠释、创新和保存的路径。导入动态和旋转的尺度促进媒介的发展。此外，局部扭转和环形结构成为另一种元素与效果，与魔术和游戏相类似，一个不同类型的建筑几何体。其支撑是一种持续创新的、更是多面与前瞻共存性的经验，这样，提出对现代主义和抽象主义进程的单义性和单向性的讨论，转而依赖密度和不对称和不均衡数据的循环。与此同时，中央电视台总部大楼是这样一个建筑，无内无外、无虚无实、无前无后:一个不可预测的容器、一个昼夜不停地持续运转的生产线。一个电影胶片式的建筑，在现实情景中传达着连续不断的记录信息，"电影人"库哈斯对眼前的记录赋予了建筑无形的连续性。

杰尔马诺·切兰特

西雅图中央图书馆，美国西雅图，1999-2004年

三星美术馆，韩国首尔，2002-2004年

变形普拉达，韩国首尔，2008年

市场经济的影响变得日益强大和广泛，影响着各部门间的交换模式，其联系前所未有。它决定了建筑师与建筑的可能性；决定了艺术世界的变革；决定了发展的感性，东西方的情况一样；决定了村镇的保护和发展的准则。

AMO，一个OMA事务所的研究部门，雷姆·库哈斯调查了那些对其工作构成影响的庞大的网络。这篇图文探讨了库哈斯对当前情况的担心。

当下的担忧

20世纪90年代冷战结束后，有人预言历史将停止，民主和市场经济将普遍盛行。
这预测并没有完全实现。民主似乎摇摇欲坠，正相反，市场经济和私有化以意想不到的速度持续增长。

"所以，我们不仅仅见证了冷战的结束，或是战后历史的某一特定时期的结论：我们正在目睹人类的思想演化的最后时刻和自由民主普及为人类社会政府的形式。"
  弗朗西斯·福山（Francis Fukuyama），《历史之终结与最后一人》，1992年（意大利文翻译《历史之终结与最后一人》，2003年）

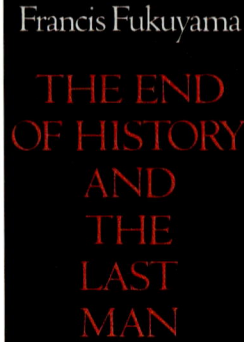

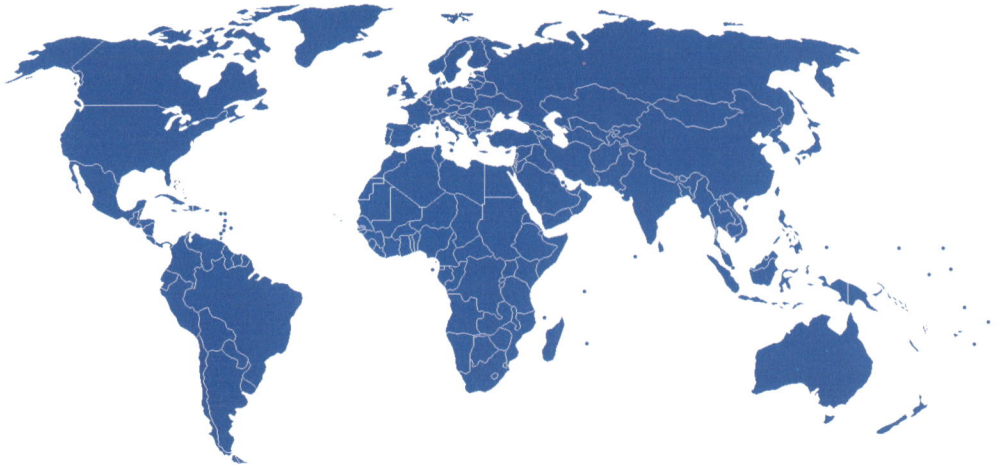

通常，我们认为世界是一个均质并相互关联的现实。显然，在一定程度上确实如此——至少在经济发展方面。
例如，东方的经济和工业发展正经历着西方曾经经历过的相似情况。
尽管同质性已达到一定水平，然而，它们之间仍存在着社会、政治和文化发展方面的差异。从事建筑领域，了解地区和不同历史时期差异的本质是至关重要的。

市场经济的增长对建筑师角色产生的影响是负面的。我们称这种影响的现象为"¥€$"作用。例如，它决定了公众人物信誉的结果。与仅仅50年前相比，建筑师目前工作领域涉及更广更多的可能性（不可能性）。

这是20世纪50年代的建筑师——注意其作品的简洁，带着对其设计意向的满足。

如今，建筑师需要扮演不同的角色：越来越像一个销售员，必须推销他的理念甚至是媒体。
他们的判断更加重要，以及他们的设计意向和社会角色。

这是20世纪60年代的建筑师——可以肯定的是他身后的建筑是根据需求而按照规定的模式建设的。

公元2000年左右的情况表明项目优势的明显差异。这是彼得·埃森曼在他设计的位于柏林市中心的犹太人纪念碑之中：这里建筑师被媒体"追捕"——类似在米诺斯迷宫中被追捕。

与50年前的地位相比，建筑已经成为一种
有许多值得商榷的方面的专业。

今天我们成为不受欢迎的一类人，即所谓的"明星建筑师"，一个泯灭建筑
师的全部本领的词汇，从此难以认真地做好设计。

这种暧昧的条件下，我们设计的产品日益成为"标识"，这一词现在众所周知。
这个"自负的天际线"并不想诋毁我的同事们，只是想提醒，我们以不同的方式身处
相同的状况。
此图片再现了一些世界上最重要的在过去10年中建造的摩天大楼。具有讽刺意义的
是，我们开始认识到，根据现在的生产方式，所有建筑作品总和的影响力，却小于各
自影响力之和。

AMO分析了《时代周刊》的封面,看其中多少人献身于建筑。

20世纪20年代和50年代之间有许多,在1979年却戛然而止。在《时代周刊》封面的最后一个建筑师是菲利普·约翰逊。

这种建筑淡出公众视野同时证实了华尔街的巨大兴起。于是,可以说建筑师们在市场经济开始呈现主导地位的同时失去了威信。

"明星建筑师"这一称呼完美定义了这个危机或者趋势。

艺术世界

近期的趋势和发展源自日益屈从于市场经济。

这是1945年的风气：它非常清楚地说明，图中之人独自面对一个冒险又充满了刺激的夜晚。

图片代表一种文化和积极评价未知的历史性时刻。

当下的担忧

The Truman Show

60年后，我们处在这样的情况：环境完全被控制，没有产生风险的可能性。
不幸的是，尽管有着良好的愿望，最伟大的作家和知识分子们是这一结果的同谋。

1909

这张1909年令人振奋的照片，我们看到了巴黎大皇宫（刚刚完成）
与第一批的齐柏林飞艇悬在空中。
其中挤满了参观的人群，这是一个专用于航空运输工具的展览。曾
经期待共同进步，进步本身成为令人激动的场面的创造者，一个愉
快的庆祝时刻……

2011

……一个世纪之后，同样的空间保留了
基本相同的形式，并扩大成一个怪诞的
规模。
游客不再形成一个热情的集体，他们似
乎被征服并显出恐惧。

这是1961年，理查德·塞拉（Richard Serra）
在纽约中心设计的"倾斜的弧"。

我们在这里看到的是一种明
显的政治态度，一个不太受
欢迎的干扰。
弧自身就是一个具有挑战
性的元素，挑战着它的
观众。

如今的公共艺术，比如阿尼
什·卡普尔在芝加哥的"云
门"，令人难以置信的著名
和受欢迎。它也挑战公共空
间，但用了一种完全无害的
手法，使其具有吸引力。
我们之前曾经见过的攻击和
挑战作品都已消失。
干扰艺术和建筑相结合的
改变与其市场价值——我
们可以说——其权利同步
增长。
这对城市状况或我们现在所
谓的城市有着复杂的影响。

这个场景中——我们身处20
世纪50年代——有些神秘的
东西。
无论好坏，一切都有可能
发生。

今天，我们的城市环境像是这样的：
艺术更主要的呈现教化作用。
大多数艺术（和建筑）旨在提高舒
适性和安全性，并不一定要做出更
强烈的对已知的冒险和挑战。

当下的担忧

工业空间转化为艺术空间有增无减。

有趣的是对于这些建筑（它们或新或旧）尺度的持续增长，艺术本身的规模也随之壮大。什么样的艺术强大到足以支撑这么大的规模？想必艺术家仅为了解如何应对一个如此规模而用尽其大部分才思。

在这种情况下，与现存或旧的结合或可期待，这可以提供一个出路。

泰特现代艺术馆并不是一个新建筑，是用一座现有建筑改造的。

这是20世纪90年代初的泰特馆长：根据他的设想，一个巨大的工业建筑也可以变成一个艺术的殿堂。

显然，建筑的纪念性有着巨大的吸引力——一个合适的容器来容纳尺度不断增加的艺术。

在涡轮大厅，许多艺术家选择了"启示录"的方法来处理庞大的空间。

不禁让人产生疑问，这种艺术仅仅是为其规模产生的权威主义，还是被激起的屈服感所驱使。

……但是如果观察介绍主题的特定重复元素，你就会意识到，艺术恰恰处于危机之中，它不得不填补这些巨大的空间，不得不顺应越来越高的期待值和价值。

只有选择类似"启示录"的题材，才能在其无畏中产生悲悯和表达不断的警示。

涡轮大厅导致了一系列巨大尺度的艺术装置，有时会涉及深刻的情绪主题……

这是奥拉维尔·埃利亚松（Olafur Eliasson）著名的"气象计划"（Weather Project）。

这是一个只有在敬畏的状态下才能理解的艺术经验。但不免产生疑问，这是否是一个良好的趋势。

敬畏可能是一个存在因素，但并不会对其他的挑逗、疑惑、怀疑或无畏造成损害。

所有这些案例都反映了艺术越来越被关注。

这些空间的规模日益扩大表示了对艺术的尊重。然而，我的疑问是理查德·塞拉时期的残酷对于这个世界的采用夸张工具的干预能力不再有趣，这不但是难以置信的能力的结果，更是拥有更多创作魅惑所致。

哈尔·福斯特（Hal Foster）在他的新书《艺术×建筑》中谈论这场危机则毫不为奇。

然而，这本书并没有完全解决这个问题。因为它解释了建筑和艺术的主题，但并没有突出其相似性，而今天这两者之间有着明显的连续性。

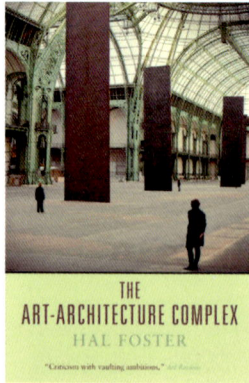

建筑也在经历相同的危机。毕尔巴鄂的古根海姆是一个令人兴奋到难以置信的建筑，在它建成的那一刻即为一个真正的转折点。

它不再是大众的表达，而更倾向于展示和肯定创作者的个性。

想象力与独特性曾经占主导地位，今天我们见证了一系列的越来越微弱的重新审视。

不同寻常不再不可预测，相反的，更成为期望的无可否认的一部分。

我们看到的是两排正在膨胀的气球，一排是艺术，一排是建筑——而气球最终只能爆炸……

……建筑的气球在最近的四五年内爆炸……

……过不了多久代表艺术世界的气球也会以同样的方式爆炸。

也许那时，我们就可以庆祝两者同时出现爆裂。我想这将是一个非常激动人心的时刻。

个人笔记：在阿姆斯特丹长大，可以说我的教育和艺术敏感性很大一部分源自一系列由威廉·桑德伯格（Willem Sandberg）策划的展览。

大部分的这种启发性的和激进的展览都设置在一个小建筑内，空间不大于10米×26米。

按照今天的标准，这种规模将是可笑的：建设成本相当于今天的270万欧元。

那是一个极尽简单的建筑，却又是系列实验的理想场所。

这些实验对我来说绝对是一个启示，这在很大程度上塑造了我的感受力。

这个艺术的孵化器难以置信的便宜和动态，我称它为"创意发展的实验室"。

毫无悬念，当市立博物馆需要扩大时，昔日的"实验室"第一个消失了。它被更具市场价值的、一个庞大且昂贵的建筑所取代，建设成本估计在1.27亿欧元。

……伦敦的约翰·索恩爵士（John Soane）博物馆，它有着同样亲切的尺度。

对于我这一代，这些原型是非常重要的。

在这种新形势下，像我一样的建筑师能做些什么，以及如何保持对内容的承诺？

我受桑德伯格影响的感受力，又被其他作品强化，如马塞尔·杜尚（Marcel Duchamp）的便携式博物馆……

MUSEE
A VENDRE

……马塞尔·布达埃尔……

正如我们看到，在最近的20年中，市场经济和世界各地的博物馆产生串联式的发展。曾经一个阶段，所有的博物馆都开始扩建，我们也曾参与其中的一些。

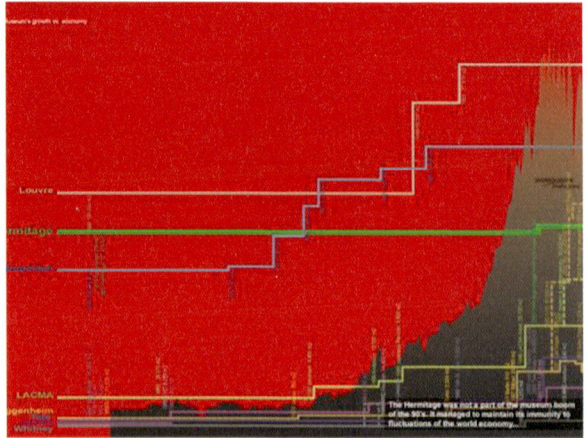

我们的方案试图恢复艺术的景象，提供了新的经验并且通过展览与公众相互作用，以这种方式有机会重获它们的叛逆特征。

在博物馆尺度越来越大、艺术的价值在市场经济中日益占主导地位的时代，我们的建议过于极端，因此并不受欢迎。

最近，我们发现1995~2005年间曾设计了相当于34个足球场形式的博物馆建筑，却没有一个博物馆建设出来。

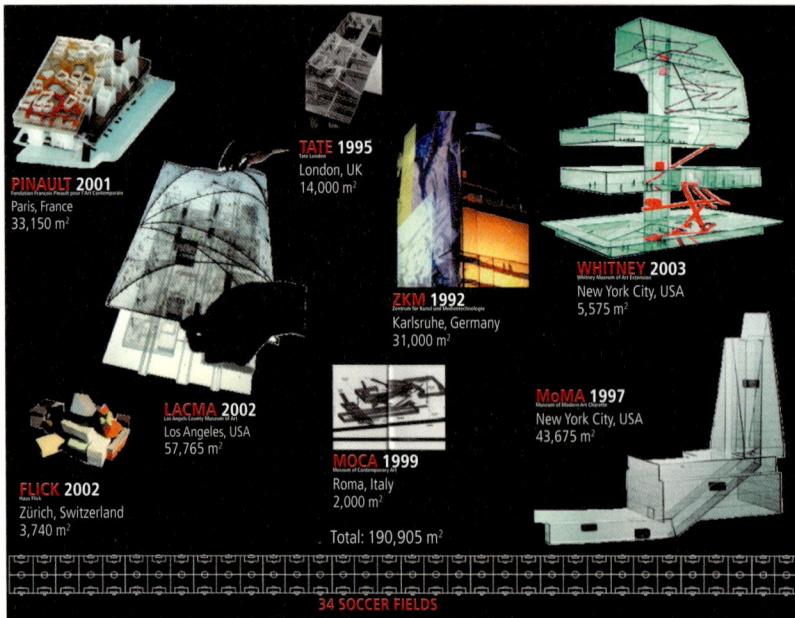

PINAULT 2001
Fondation François Pinault pour l'Art Contemporain
Paris, France
33,150 m²

TATE 1995
Tate London
London, UK
14,000 m²

ZKM 1992
Zentrum für Kunst und Medientechnologie
Karlsruhe, Germany
31,000 m²

WHITNEY 2003
Whitney Museum of Art Extension
New York City, USA
5,575 m²

LACMA 2002
Los Angeles County Museum of Art
Los Angeles, USA
57,765 m²

MOCA 1999
Museum of Contemporary Art
Roma, Italy
2,000 m²

MoMA 1997
Museum of Modern Art Charette
New York City, USA
43,675 m²

FLICK 2002
Haus Flick
Zürich, Switzerland
3,740 m²

Total: 190,905 m²

34 SOCCER FIELDS

这是伦敦的泰特现代艺术馆的设计竞赛提案。
不同于夸大现有建筑空间的纪念性，我们希望推
出一系列多样化的基础设施，这可以使人在同一
栋建筑中有着截然不同的体验。

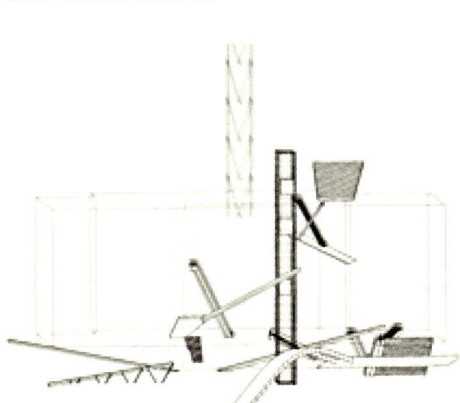

从极度缓慢……

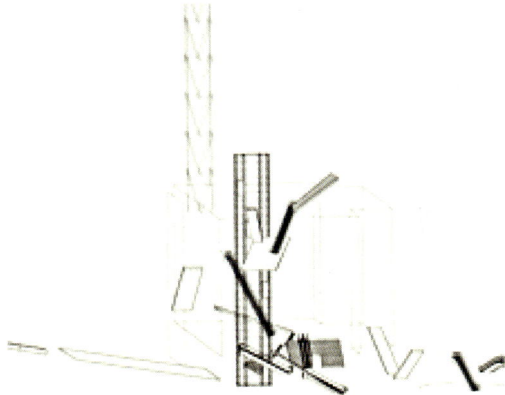

……到一个相对加速的过程。

这是纽约的现代艺术博物馆的扩建方案。

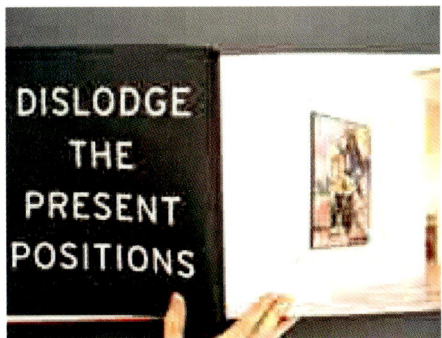

相对于屈从管理者或者展览组织者的一系列心血来潮的
决定，我们的想法是提供预约和艺术品"约会"的机会，
或者在一个空间里与五、六、七件展品甚至花上整整一
天时间。

我们也参加了惠特尼博物馆的竞赛。
在此情景下，我们要解决一些关键问
题，特别是有关游客数量，巨大的客
流量，从而威胁到亲切感和与展出的
艺术作品的关系——这些是博物馆的
首要问题。

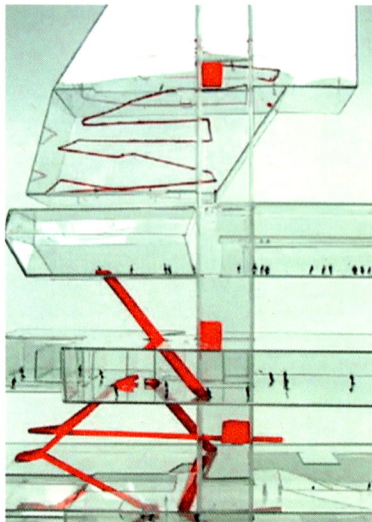

展览
这些画廊专为艺术作品的展示。
灵活而通用，允许根据今后的展览重新
布置空间。

经验
永久收藏品可以置入展览的
另一区域，空间上有所区
别，延伸到博物院中美学方
面较为乏味的部分（商业和
交通区域），使得拥有光环
的艺术无处不在。

我们提出一个重要的差别，有些可以解决当前博物馆的
混乱。
一方面，博物馆仍然希望提供具有一定程度上的亲切感的艺
术体验；另一方面，它的纯商业尺度又迫使它引入娱乐的
方面。
其流线系统和体验线路已经成为项目的关键。

……而另一种情况是注定更加商业化的
范畴，探寻（艺术与商业）这两个不同
领域之间可能的关系，这需要一个新的
功能和一个不同的深度。

我们在内部环境创建一个明确的分区，这里可
以在相对隔离的环境里与艺术品和珍品面对
面……

已经建成的项目（也包括停留在理论层面的设计）已经成为对博物馆进行重新思考的基础模型——不是讨论一个简单的物理空间的品质，而是一系列串联而成的概念。
一个重要的方法是不将博物馆看作艺术消费的空间，而是作为一个有所生产的场所。
这是我们建于2006年的蛇形画廊的展厅。

在那里面组织了与汉斯·乌尔里希·奥布里斯特（Hans Ulrich Obrist）的24小时不间断对话。
展馆已成为访谈和讨论的平台，一台产生内容的机器。

这是普拉达翻转建筑（Prada Transformer），
一个为首尔设计的临时展厅，其空间可以根据
不同的功能需求而变化。

在这种情况下，形式有了基本功能。
结构可以作几种模式的旋转，这样每个面都可以被用
于容纳不同的活动。

每一个面都包含一个几何图形：一
个圆形、一个十字形、一个六角
形和一个矩形彼此相向旋转直到互
相相交，外面包裹半透明的弹性
薄膜。

裙装　　　　　　电影院　　　　　　艺术展　　　　　　特殊活动

墙变成地板，地板又变成墙，展亭每
次由三台起重机同时工作进行翻转，
为下一个展览做准备。
翻转后，每一形式成为理想平面，容
纳为期三个月的某项文化活动——
比如一个时尚展示（裙装，由缪西
娅·普拉达Miuccia Prada设计的裙
装展示），一次电影节（由亚历桑德
罗·冈萨雷斯·伊尼亚里图Alejandro
González Iñárritu策划），一个艺术展
览（瑞典视频艺术家和女雕刻家纳塔
莉·尤尔贝Nathalie Djurberg）和一
次普拉达时装秀。

从左上角沿顺时针方向：裙装展示、电影院、艺术展览、特殊活动"学生
的权利"。

左图和右图：普拉达翻转建筑

这是我们在广州建设的美术馆。
其位置在该区域内非常普遍，位于
大都市和农业区之间。

我们的美术馆建在一座现存建筑之上，其住宅空间分配
给艺术家们，底层则作为工作坊。

这是个非常极端的案例，美术馆成为日常生活
的一部分。

目前，我们正在为普拉达基金会设计一系列
的展览空间。
这个项目给了我们机会，在展览和装置领域
实现一些最为本质的想法。

场地是原工业园区，名叫拉哥伊萨尔科（Largo
Isarco），一个有着异乎寻常多样环境的空间。

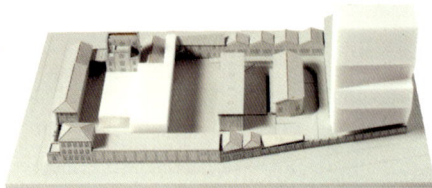

主要添加的综合体是一个塔楼，配备了餐厅和展览空间。
后面有个大会堂，一个巨大的仓库式的空间可以向公众开放。

一个配备了舞台的灵活的结构，可以用于举办电影和其
他活动。

"颁奖台"将成为临时展览空间。上方的"梁"也可
以用于历史和当代艺术的临时展览。

在"鬼屋"可以举办私人展览。

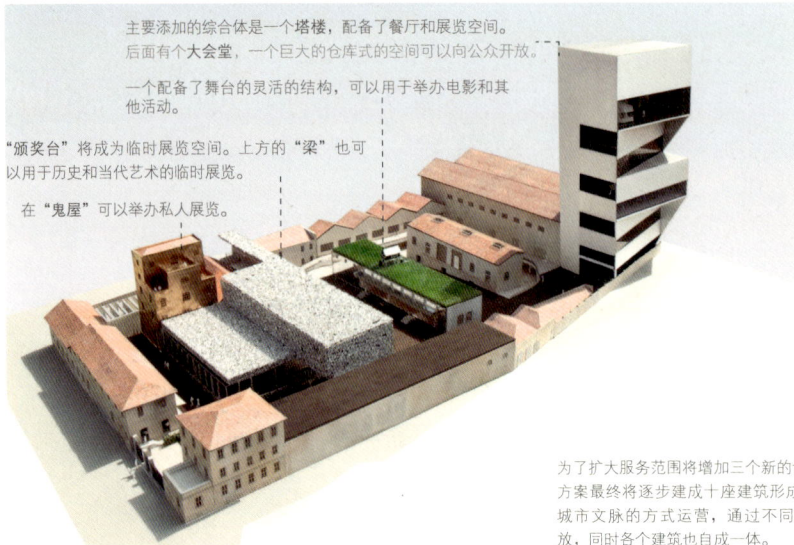

为了扩大服务范围将增加三个新的设施。
方案最终将逐步建成十座建筑形成一个系列，能够以
城市文脉的方式运营，通过不同的出入口向公众开
放，同时各个建筑也自成一体。

尽管日益拓展且表达方式变得多样化，所提出的问卷在艺术展示类型的数量有限。这些类型是：画廊（白色的，抽象的，中立的），工业空间（期望与意图在任何艺术门类之间保持中立），当代博物馆（百货商场的伪装版本），最后是艺术博览会的炼狱。

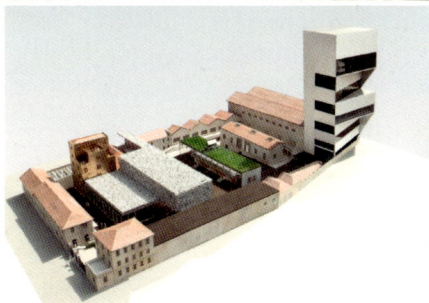

所有这些领域将一同通过使用新材料、高度的变化、流线系统和灵活的方案，扩大传统美术馆的潜力。

认知的进程

东西方

由西方理念决定的价值观念和衡量标准，以其忧郁的特质，影响了东方伦理和世界认知的进程。

在过去的20年里，我们目睹了私有化的时代，不仅在欧洲和美国，而是在世界各地。由市场机制日益影响，公共到私有领域一直在发生着戏剧性的转变。

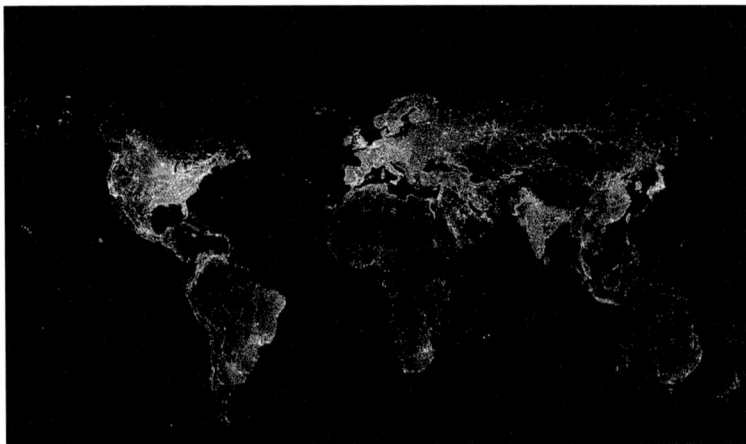

这是西方所认为的世界，它多多少少具有一些同一性，以相似理念发展着。

很多方面都是这样，尤其是谈到关于最近的经济走势。

然而，尽管市场主导地位的份额仍不断增长，东方（浅色区域）和西方（深色区域）之间在社会—政治和文化结构上仍存有显著差异。

具有讽刺意味的是，西方人生活的深色区域产生的道德准则和评判标准，影响着浅色部分的价值判断。

这些差异对建筑来说至关重要。它使我们在欧洲和北美的工作与世界上其他地区开展的工作完全不同。

我们在欧洲的项目努力做得谦逊，重点放在以传统的
视角来进行具体的改进，而不是企图产生特定的影响。
我们最近在伦敦完成了罗斯柴尔德银行总部
（Rothschild Bank）的设计。
这是一个让人兴奋的、具有挑战性的场地。因为这样的
建筑密度中，建筑不可能产生整体效果。

这里可以看到其与周边环境联系多
么密切，紧邻一座由诺曼·福斯特
设计的建筑。
即使从这个距离也不能捕捉到其
整体。

从道路水平望去，这都
是我们所能看到建筑物
的状况。

这是在它的屋顶看到的景象，揭示了这座城市令人
难以置信的密度和丰富。

为了建立与伦敦的一部分历史的对
话，我们拔地而起的建筑提供了欣
赏一座美丽教堂的诸多方式。该
教堂为圣司提反·沃尔布鲁克（St
Stephen Walbroock）教堂，由克里
斯多弗·雷恩爵士（Christopher
Wren）于1679年建造。
这使得一个开放的重要公共通道从
视觉和心理感受上重新连接了道路
与教堂以及城市结构。

目前的情况非常绝妙。它有可能设计一个几乎看不见的建筑：一个明星建筑师过度的言论和漠不关心的假说之间的一个平衡。

由于场地所造成的限制使我们更着重于室内设计，注重方案的实际操作方面和内向定位。

我们设计了一个十层的中心立方体，高效、灵活、可以看到城市景观的开放式办公空间。

我们建立了与罗斯柴尔德家族的悠久历史语言的对话。

例如，阅览室已经成为家族档案的展览空间，用这样的方式，新建筑成为其辉煌历史的一部分。

用同样的相对简单的方式，我们设计了米尔斯坦因馆（the Milstein Hall），一项康奈尔大学的艺术、建筑与规划学院的扩建工程。

该项目探讨了一种几乎是具有普世价值，却又被用尽的建筑类型：盒子。
盒子，作为典型的独立物体，在这个案例中被用作一个承上启下的结构，用于连接三个不同的建筑。

兰德馆

铸造厂　　　　　　西布利馆

我们把盒子放在一个山丘上，这样就形成了大礼堂。

盒子承担和联系了所有不同的功能。

再一次，建筑充当了一个意料之外的身份，即建筑只有片段能被看到，却几乎不能看到它的全貌。
与此相反的，建筑的创造过程中一贯的趋势是愈发的强调可见（visible）和"建筑化"，这个案例是一种宽慰，同时也是一个非常好的挑战，须仔细思索的项目。

在所有这些案例中，我们认真努力地实现在当前的西方文明下的有着深远意义的工作——带着适当的谦虚。

我们的目标之一是试图改变中国媒体的观念。 同样，这是一个有点冒险的决定，尤其是在欧美国家，我们因选择在北京而不是在零地建造而受到了严厉批评。

我们开始我们的讲演，谈到世界的道德尺度仍受其阴暗面影响。
在这黑暗之中，人们可以注意到我们西方人并没有表现出允许其他正在崛起的国家庆祝它们登上国际舞台方面的应有的慷慨。

这些发生在中央电视台总部上，一个所有的西方评论家认为纯粹奢靡的建筑。我们确信根据它的方式，尤其是在其特定的背景下，这是一个严肃的建筑，完全是其功能的表现。

对于中央电视台总部，我们设计了一个"公共环路"，用以整合各个部门，提供所有中国公民可以看到其国家电视台的可能性。

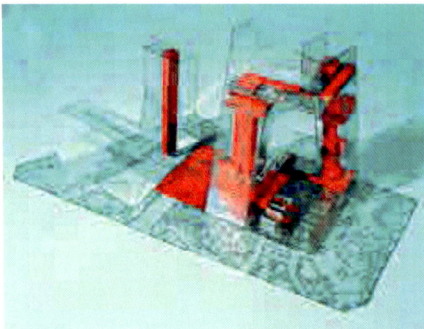

这个建筑物可以被看作是一个经过高度组织的节目——电影、广播电视、管理和其他创作活动。
公共环路旨在（左侧图中的红色通道）汇集每个元素，直到它变成整个有机体的一部分，由此将它打造成具有集体象征的责任的，即中国媒体的形象。

在这种条件下工作，会成就一系列你无法控制的结果。

其中之一就是，这个建筑不可避免地成为北京的新地标。

该建筑在2008年北京奥运会的大背景下完成。

中央电视台总部在特定角度来说是宏伟而具有
标志性，但相对于周围的环境没有非常尊重。
相反，它以独特的能力与方式与周边环境进行
交流。

我们成功地在北京——一个赞美的安定祥和并有着鲜明旗帜的政治制度的城市——创造出一个超级不稳定的结构，并且随着观察角度的不同，充斥着不同的视觉效果。

从这里看它似乎稳固和有力……

……但是，如果我们转一个角度就会觉得它脆弱和不稳定。

室内的情况也是一样。
这些图片显示一些无法使用的空间，然而这些涵括结构元素的空间决定了不同空间的感受。

这些内部空间展现了存在于建筑内部的强烈力量。

这也是一个特别激动人心的时刻，建筑和结构结合得到混合动力。

对我们来说，并不是想创造"怪诞"，而是尝试用一个新的方式来观察和阐释其背景下的建筑。

即使撇开结构，正如西方所描绘的如此的建筑形象尤为重要。

这需要避免如今采用象征式的图像，类似雕塑般的表现建筑。而最重要的是捕捉到它作为鲜活城市的组成部分。

像这样图片展示的，建筑摄影应该展示对"记忆场景"连续不断地研究。

然而这张照片更加真实
地展示了建筑周边的生
活情况。
可见其真实，建筑与其
周围的胡同相连。

这里你们不能看到著名的洞，但是有些东西在夜幕中出现，比如城市的基础设施……

……这里是它历史的一部分。

这是一个不太刻板的建筑，能够与城市的任何部分相连和建立关系——无论是脆弱的、严肃的、强势的、现代的、旧的或破败的。

另外一个我们接触东方的例子是对珠江三角洲地区20世纪90
年代后期关于城市现象和未来变化的深度调研，作为哈佛大学
"城市的设计"的一部分，并出版在《大跃进》一书中。

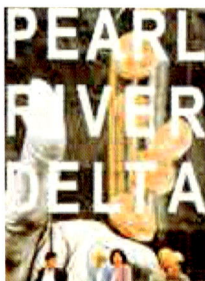

我们研究了中国的一个飞速现
代化的地区，到2020年即将成
为拥有36万人口的大都市。

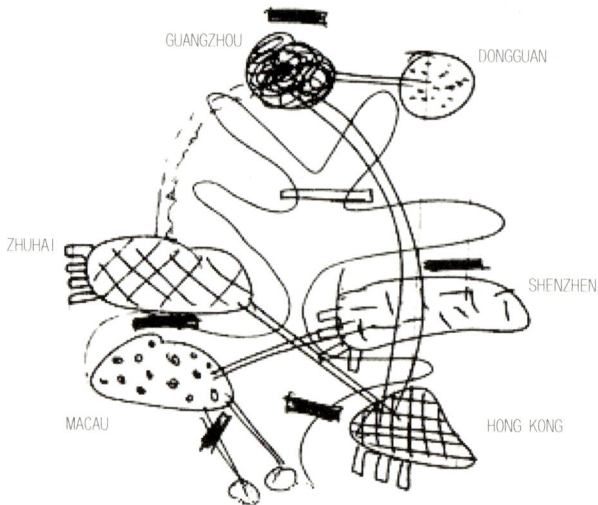

这项课题包括了一系列旨在
探讨复杂地方城市环境、经
济转型结果及其相互关联的
研究。

不断地渴求获得了大规模的、速度令人目眩的发展：我们感兴趣的是什么因素使得这种增长速度比以往更快。

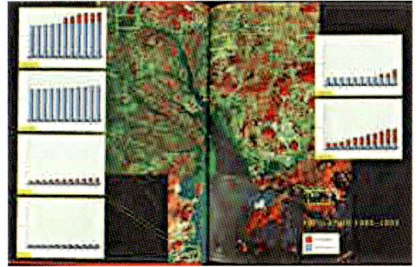

PEARL RIVER DELTA 1985

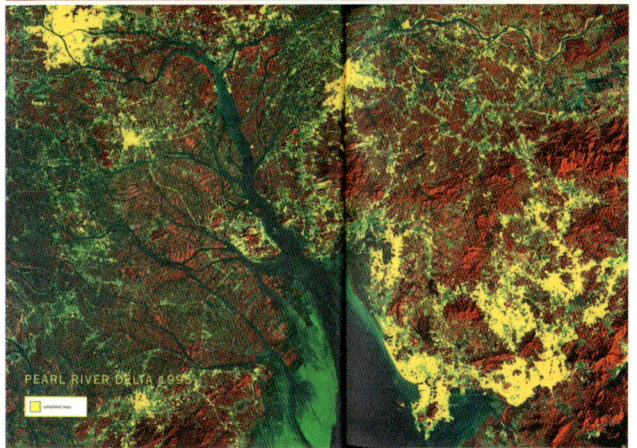

PEARL RIVER DELTA 1995

"改革开放"成为邓小平和他提出的经济体制改革方案之一。

市场的转变和随之而来的基础设施发展形成这样一种局面：整个区域被公路、桥梁、空中和海上航线"缝合"在一起。

在融合社会主义与市场经济的实验中，珠三角成为新
型城市肌理的案例。
在中国和其他地方，我们越来越了解这一机制的运作
及其对建筑师的影响。

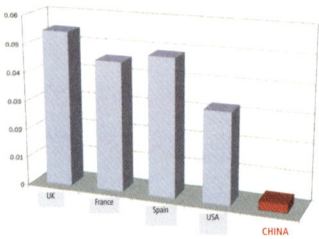

在这里我们看到，中国的建筑师只有美国建筑
师的十分之一……

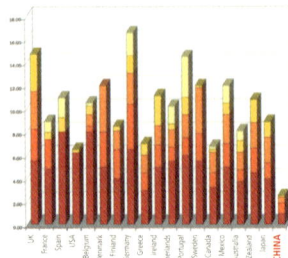

……中国建筑师的收入只有其他国家建
筑师的十分之一

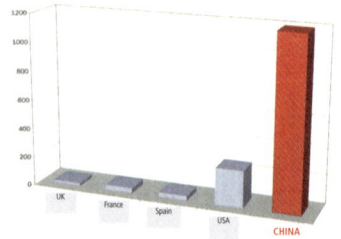

……工程量却高出5倍

这表明在这方面的主动权已经转移到东方，那里正经历现代化建设的新阶段。

东方建筑师正在成为世界建筑师。

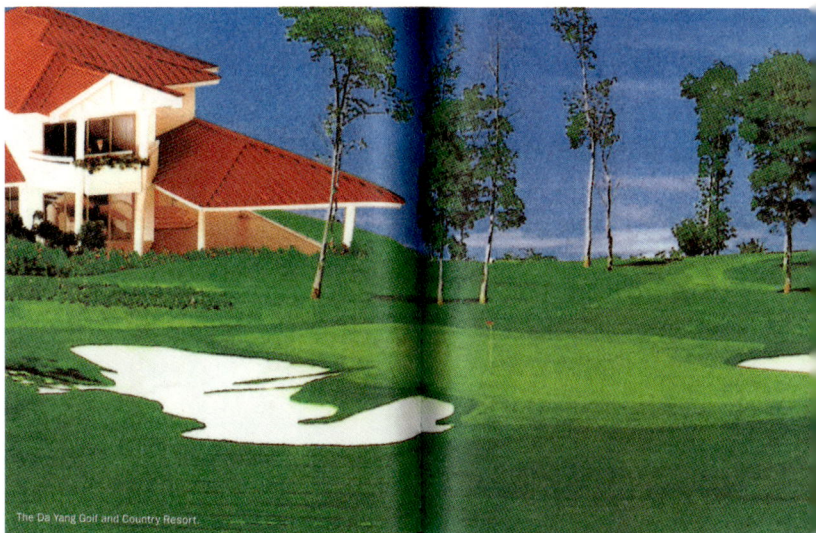

The Da Yang Golf and Country Resort.

Golf is blanketing the entire earth's surface, with the number of courses growing exponentially. Today there are at least 35,000 golf courses worldwide, approximately 6,000 of which are in Asia.

在一段时间和工作之后，这将比传统建筑获得更多的成果。只需要类似Photoshop这样的软件技术就可以快速地发展增加，同时实现在同一图景中的结合与融合不同的情况，实现其多样化。

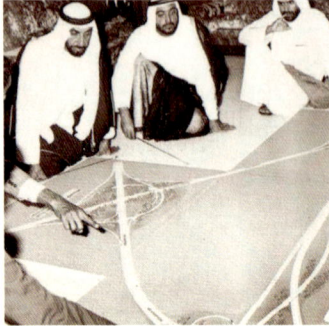

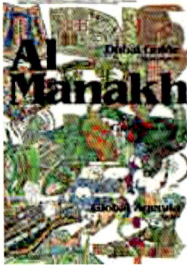

我们也研究了中东地区最近的变化，以理
解在这种情况下与西方的区别。
对海湾的最初研究收集在《阿尔玛那克Ⅰ》
（Al Manakh Ⅰ）一书中。

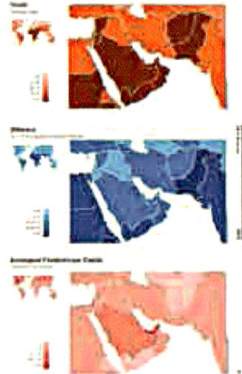

近十年，我们对中东的兴趣
逐渐提高。这也是由于对它
的诸多偏见造成的。

当下的担忧

这是关于中东的系列丛书的续集《阿尔玛那克II》。
这本书，不是我们，而是我们请了120名作者和当地的知识分子描述关于中东的现实。

这是我们专门为中东在2006年威尼斯双年展上做的展览……

……这是中东的自我说明。
这是利雅得市（Riyad）中心：在我们看来在这样传统的国家里，这种场景几乎不可能——公共空间里的阿拉伯家庭，以我们熟悉的方式演绎出了社会生活。
我们不断被灌输这样的集体生活是不可能出现在这里，但很显然事实并非如此，即使这里是城市的心脏。

另一个例子证明了我们对中东社会毫无根据的偏见：男人和女人在沙特阿拉伯火车的同一个车厢旅行。一个看似不可能发生的事，但越来越普遍。

其中一个我们非常关注的地区是卡塔尔。我们的兴趣
是这里经历了一段极具想象力的改造——比在世界其
他至关重要的地方更有创造力。

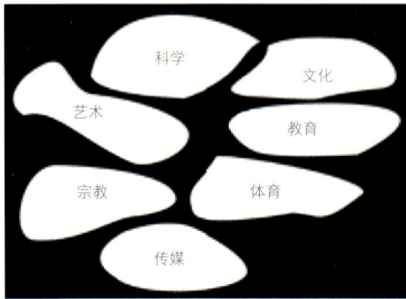

在西方我们仍然是文化
与政治、经济与教育相
分离……

……而在多哈和
世界其他地区正
在发展一种新文
化，这些分离正
在消失。

这个区域创造能力部分来自
于不断消除不同类型的领域
和活动之间的壁垒。

卡塔尔正进入现代化的阶段，并创建一个
伊斯兰当代化的模式——并希望成为一个
榜样和发展的原型。
我们想知道并理解其明确并有创造性的
使命。

由世界教育创新高峰论坛WISE（World Innovation Summit for Education）赞助的旨在激发和提高公民意识的公共设施分散在整个多哈。在当地的文脉环境里，与今天的西方相比，这是一个非常雄心勃勃的目标——它必须打破旧观念。

这是一个：思考。

我们不认为自己是被限制的自我获益的团体，我们更愿意参与这次思考和学习。

我们在阿拉伯世界遇到正在积极从事"思考"与"学习"的文化和社会政策。在我看来，这是一种进步，而西方正在经历一个停滞阶段。

甚至艺术家也被邀请到"思考"与"学习"
这一新状况中……

这是中国艺术家蔡国强在多哈的展览。其"黑色庆典"（Black Ceremony）上演了一出使用烟花实现了惊人的艺术效果。

在此之际，艺术家使用烟花的场面挑战人们的意识，并对艺术可能性的传统观念进行了质疑。

这个设施是艺术家在一面铺了浮雕的瓷砖的长墙上，用墨粉喷写了"脆弱"。

这位艺术家面对着阿拉伯世界的潜力，尤其是卡塔尔的整个政治和文化。

另一个例子是在多哈举办的达明·赫斯特（Damien Hirst）题为"圣髑"（Relics）的展览。这是他最大的回顾展，且矛盾的是艺术家的作品采用去除特征的方式。完美地融入当地背景是"正确的挑衅方式"。（赫斯特，2013）

"圣髑"对于西方的标准来说已经成为过时的判断，但在卡塔尔却已远远超出了通常界限，并引发了对于身体在公共场合和表达自由的激烈辩论。

突然赫斯特（Hirst）似乎靠近了卡济米尔·马列维奇（Kazimir Malevic）和唐纳德·贾德（Donald Judd）。

我们相信，在21世纪，转型的关键在于不同领域之间的新协作。

我们不仅仅有兴趣了解东方世界的不同状态和新发展，我
们也了解这是批判地评论我们自己形象至关重要的一点。

最近，我们尝试通过研究和积
极参与解决这一情况。
这项研究部分地迫使我们承担
了一个政治角色，沿着这种路
径，我们欧洲人变得积极。

尽管我们相信欧洲的项
目，我们也已经察觉到近
十年里欧洲已经行事懦弱
和胆怯。

这是我们于2001年制作的条形码旗帜，作为
欧洲形象改造工作的一部分。
条形码，从冰岛到欧洲的另一端——无论它
已经是或将是——代表了每个国家的工会。

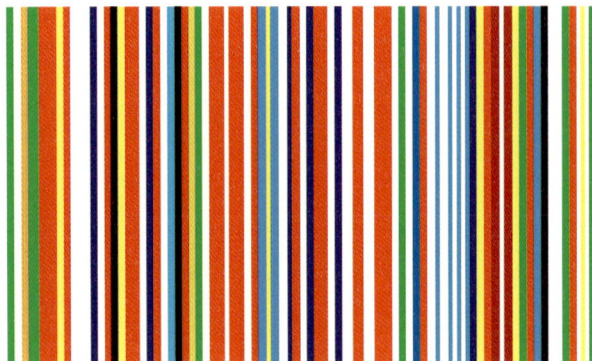

奥地利担任主席国时期，布什在布鲁塞尔发表
讲话期间曾使用条形码。

这是我们专门设计的"欧洲形象"条形码帐篷。

2004年，在外交政策中心的协作下，我们举办了"欧洲形象"的展览——它的第一站是布鲁塞尔——以庆祝欧盟的成就以及探索未来的潜力。
参观展览的人超过了10000人。

展览包括两个大型壁画，解释了概念的演变和欧洲的现实政治。
"欧洲在形成"（Europe in the Making）描述了欧洲从大爆炸到我们今天的历史；"欧盟现在与未来"（UE Now & Tomorrow）解释了欧洲一体化的历史与进程，从第一次世界大战以后直到2020年对欧洲未来的预期。

《欧盟既有法规》是一个自欧盟建立之初，综合规范与法律的概念表达，全书共80000页。

展览的一部分是一个巨大的法国作家让·莫内的金色雕塑。

2008年，我与12个"智者"组成一个委员
会，齐聚布鲁塞尔起草了欧洲关系未来十年
计划。

欧盟反思小组的任务是评估欧洲在机构和条
约方面经过十年内部纷争之后，集中精力在
更深远的问题的可能性：包括气候变化、移
民、防范及旧大陆在世界上的作用。

尤其是，我们的责任是从外界视角来分析欧
洲形象。

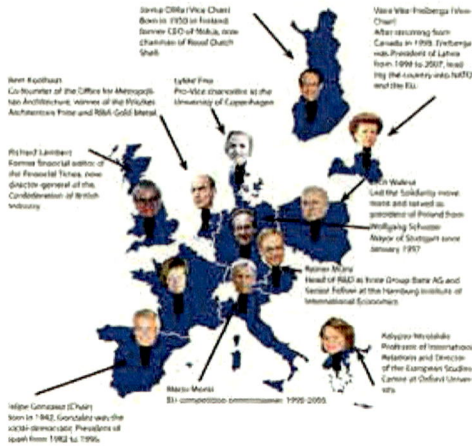

我们研究的一部分在于分析欧洲和国外
的大学教育。

相对于中国学生大量涌入欧洲和美国，
欧洲学生去中国学习的数量几乎可以忽
略不计。

这个现象显然威胁着欧洲的未来，清楚
地表露了偏见的存在和令人不安的自满
情绪。

美国和中国学生向世界其他国家的目的地。美国大部分学生的目的地主要
仍是到欧洲。

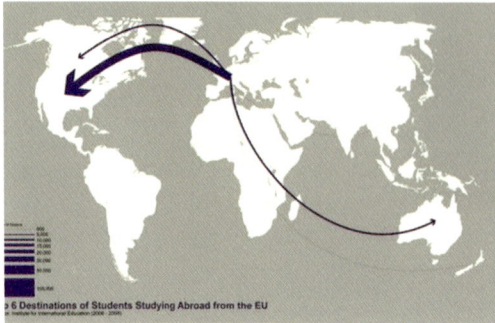

p 6 Destinations of Students Studying Abroad from the EU
e Institute for International Education (2008 - 2009)

内视欧洲的现状：前6个欧洲学生留学目的地（2008年）

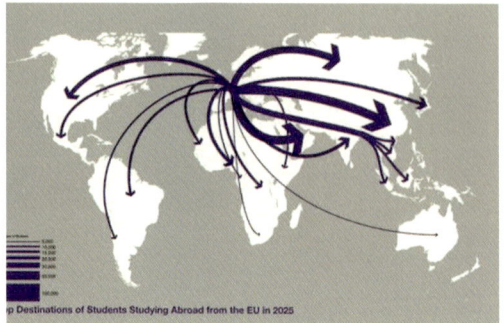

p Destinations of Students Studying Abroad from the EU in 2025

外向欧洲的未来：欧洲学生出国留学的首选潜在目标（2025年）

当下的担忧

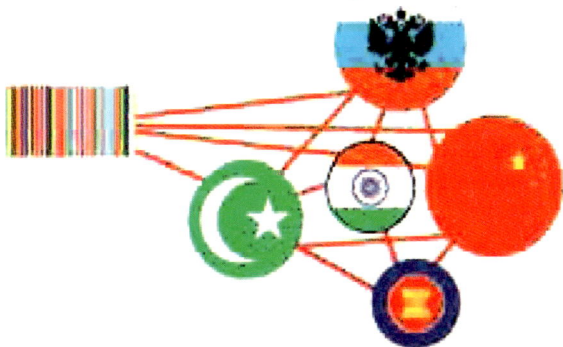

一般情况下，我们承担的义务是旨在了解这些领域内部以及它们之间存在的关系，不仅有自我批评的目标，还要发现在不同条件下的新可能性。

我们强调尽可能建立联系。当西方谈及开放，那么它通常指的是经济开放，而不是概念上的开放。我们已经表明必须有重新定义这个标题的可能。

我们感兴趣的是建筑作为整体环境中交流工具，可以充当什么角色。

这对于定义不同部门和领域之间的相互作用至关重要。

混时
乱代
的

快速发展的影响和保守准则的变化。

古建筑保护协会（英国）**1877**

纪念物委员会（法国）**1790**

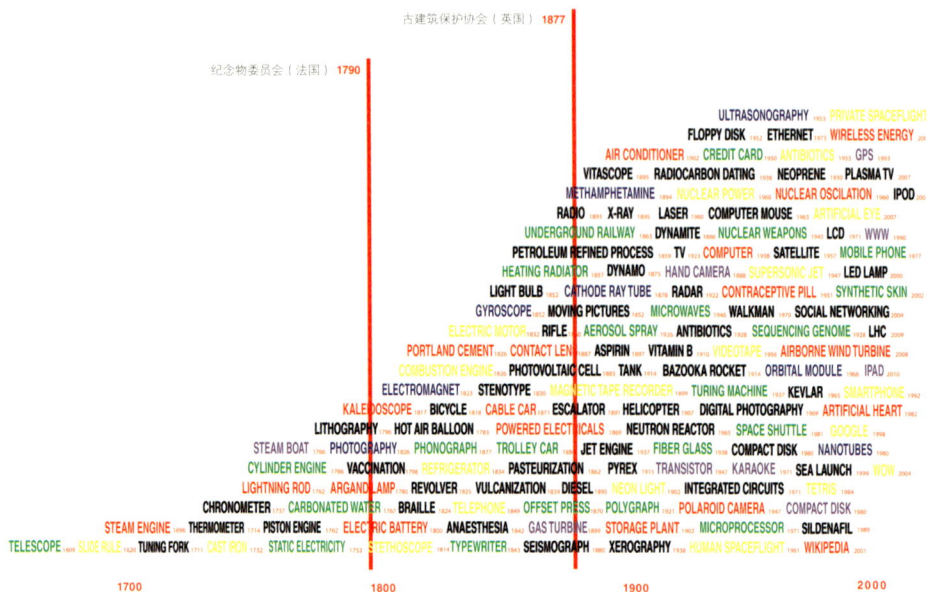

ULTRASONOGRAPHY · PRIVATE SPACEFLIGHT
FLOPPY DISK · ETHERNET · WIRELESS ENERGY
AIR CONDITIONER · CREDIT CARD · ANTIBIOTICS · GPS
VITASCOPE · RADIOCARBON DATING · NEOPRENE · PLASMA TV
METHAMPHETAMINE · NUCLEAR POWER · NUCLEAR OSCILATION · IPOD
RADIO · X-RAY · LASER · COMPUTER MOUSE · ARTIFICIAL EYE
UNDERGROUND RAILWAY · DYNAMITE · NUCLEAR WEAPONS · LCD · WWW
PETROLEUM REFINED PROCESS · TV · COMPUTER · SATELLITE · MOBILE PHONE
HEATING RADIATOR · DYNAMO · HAND CAMERA · SUPERSONIC JET · LED LAMP
LIGHT BULB · CATHODE RAY TUBE · RADAR · CONTRACEPTIVE PILL · SYNTHETIC SKIN
GYROSCOPE · MOVING PICTURES · MICROWAVES · WALKMAN · SOCIAL NETWORKING
ELECTRIC MOTOR · RIFLE · AEROSOL SPRAY · ANTIBIOTICS · SEQUENCING GENOME · LHC
PORTLAND CEMENT · CONTACT LENS · ASPIRIN · VITAMIN B · VIDEOTAPE · AIRBORNE WIND TURBINE
COMBUSTION ENGINE · PHOTOVOLTAIC CELL · TANK · BAZOOKA ROCKET · ORBITAL MODULE · IPAD
ELECTROMAGNET · STENOTYPE · MAGNETIC TAPE RECORDER · TURING MACHINE · KEVLAR · SMARTPHONE
KALEIDOSCOPE · BICYCLE · CABLE CAR · ESCALATOR · HELICOPTER · DIGITAL PHOTOGRAPHY · ARTIFICIAL HEART
LITHOGRAPHY · HOT AIR BALLOON · POWERED ELECTRICALS · NEUTRON REACTOR · SPACE SHUTTLE · GOOGLE
STEAM BOAT · PHOTOGRAPHY · PHONOGRAPH · TROLLEY CAR · JET ENGINE · FIBER GLASS · COMPACT DISK · NANOTUBES
CYLINDER ENGINE · VACCINATION · REFRIGERATOR · PASTEURIZATION · PYREX · TRANSISTOR · KARAOKE · SEA LAUNCH · WOW
LIGHTNING ROD · ARGAND LAMP · REVOLVER · VULCANIZATION · DIESEL · NEON LIGHT · INTEGRATED CIRCUITS · TETRIS
CHRONOMETER · CARBONATED WATER · BRAILLE · TELEPHONE · OFFSET PRESS · POLYGRAPH · POLAROID CAMERA · COMPACT DISK
STEAM ENGINE · THERMOMETER · PISTON ENGINE · ELECTRIC BATTERY · ANAESTHESIA · GAS TURBINE · STORAGE PLANT · MICROPROCESSOR · SILDENAFIL
TELESCOPE · SLIDE RULE · TUNING FORK · CAST IRON · STATIC ELECTRICITY · STETHOSCOPE · TYPEWRITER · SEISMOGRAPH · XEROGRAPHY · HUMAN SPACEFLIGHT · WIKIPEDIA

1700   1800   1900   2000

我们最近研究了文化遗产保护领域。
保护和现代化并不互相排斥。
保护在法国大革命和英国工业革命的时期作为现代创新浪潮
也称作"创造"。在变革的旋风中，关键的是要决定什么将会
维持不变……

古迹	建筑	建筑&退线	区域	自然景观	人文景观	景观混合（自然和人文）	宇宙天体
纪念物委员会（法国）	由维奥莱·勒·杜克修复的巴黎圣母院（法国）	法国法律规定，最重要的古迹100米的周围区域要进行保护	苏豪（SOHO）区（英国）代表了历史意义的区域	大堡礁（澳大利亚）由展了世界遗产（约3487万公顷）	布莱纳文（Blaenavon）工业景观（英国）是世界文化遗产（3290公顷）	雷蒂亚铁路在阿尔布拉和伯尔尼之间的景观（瑞士），联合国教科文组织世界遗产（11000万公顷）	贝丝·欧理瑞教授（美国）正提议把阿波罗11号登月球之后登月留下的东西申请为历史古迹。
1790	1844	1913	1973	1981	2003	2008	2077

文化遗产保护领域的范围和性质在
大幅增长，包括古迹、肌理、建筑
物与周围环境、整个区域，现在是
整个人文景观。

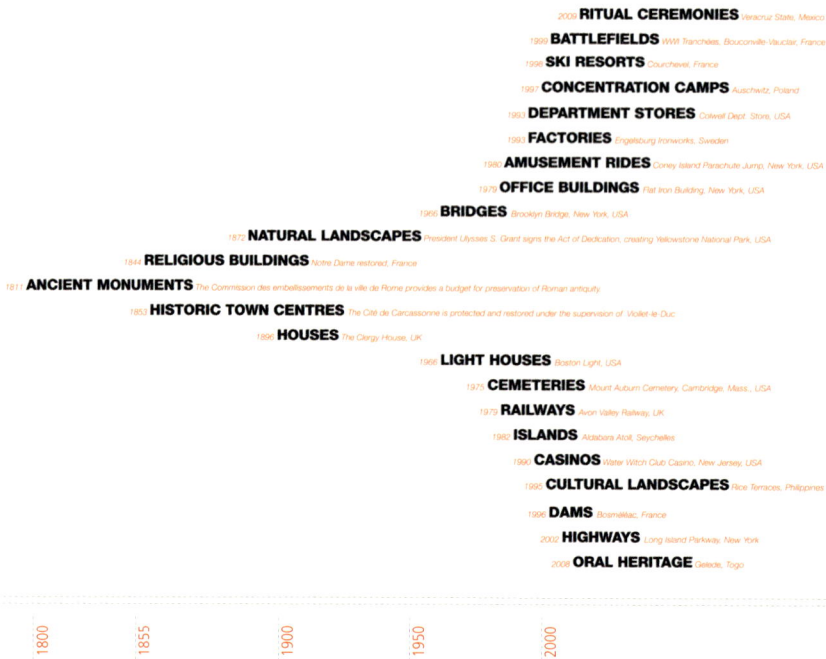

2009 **RITUAL CEREMONIES** *Veracruz State, Mexico*

1999 **BATTLEFIELDS** *WWI Trenches, Bouconville Vauclair, France*

1998 **SKI RESORTS** *Courchevel, France*

1991 **CONCENTRATION CAMPS** *Auschwitz, Poland*

1991 **DEPARTMENT STORES** *Colwell Dept. Store, USA*

1993 **FACTORIES** *Engelsburg Ironworks, Sweden*

1980 **AMUSEMENT RIDES** *Coney Island Parachute Jump, New York, USA*

1979 **OFFICE BUILDINGS** *Flat Iron Building, New York, USA*

1968 **BRIDGES** *Brooklyn Bridge, New York, USA*

1872 **NATURAL LANDSCAPES** *President Ulysses S. Grant signs the Act of Dedication, creating Yellowstone National Park, USA*

1844 **RELIGIOUS BUILDINGS** *Notre Dame restored, France*

1811 **ANCIENT MONUMENTS** *The Commissao des embellissements de la ville de Rome provides a budget for preservation of Roman antiquity.*

1852 **HISTORIC TOWN CENTRES** *The Cité de Carcassonne is protected and restored under the supervision of Viollet-le-Duc*

1896 **HOUSES** *The Clergy House, UK*

1998 **LIGHT HOUSES** *Boston Light, USA*

1973 **CEMETERIES** *Mount Auburn Cemetery, Cambridge, Mass., USA*

1975 **RAILWAYS** *Avon Valley Railway, UK*

1986 **ISLANDS** *Aldabara Atoll, Seychelles*

1990 **CASINOS** *Water Witch Club Casino, New Jersey, USA*

1995 **CULTURAL LANDSCAPES** *Rice Terraces, Philippines*

1996 **DAMS** *Bosna川ac, France*

2002 **HIGHWAYS** *Long Island Parkway, New York*

2008 **ORAL HERITAGE** *Gelede, Togo*

一切都要保护：从集中
营到百货公司，从游乐
设置到赌场、高速公
路，甚至在月球的组成
部分。
可以说，在建筑的泛
滥，同时也出现了保护
的激增。

1800 1855 1900 1950 2000

为了解我们对于文化遗产保护的态度，可以通过恰当地观察其在一定时间内的变化。

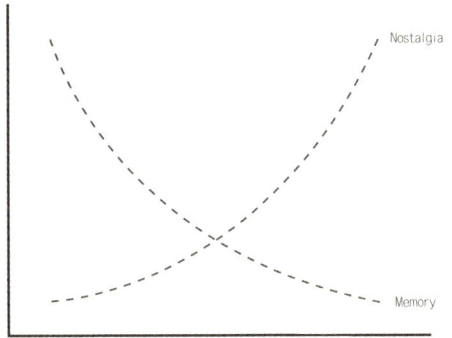

Nostalgia

Memory

---

400 BC

1882
Ancient Monuments Protection Act

The Ancient Monuments Protection Act 1882, introduced by Sir John Lubbock, recognises the need for governmental administration for the protection of ANCIENT MONUMENTS. The 68 monuments listed are mostly unoccupied prehistoric structures such as dolmens, stones circles, barrows and pillars.

1712

1913
Ancient Monuments Consolidation and Amendment Act

The Ancient Monuments Consolidation and Amendment Act expands the definition of the monument to "any structure, erection, or monument, of architectural or historic interest". It allows the inclusion of ROMANO-BRITISH AND MEDIEVAL MONUMENTS through the establishment of Royal Commissions.

1953

1983
National Heritage Act
Dept. of the Environment Circular 8/87

The National Heritage Act establishes English Heritage as the government's lead advisor on the built environment. The Department of the Environment later removes the 1939 ceiling on listing buildings. It introduces the THIRTY YEAR RULE, by which any building older than this can be considered for listing.

2007

2007
Planning Policy Guidance Note 15
Planning and the Historic Environment

The 2007 revision of the Planning and Policy Guidance of the Historic Environment defines NO LIKELY PERIODS OF INTEREST as absolute. Buildings less than thirty years old can be listed if they are of outstanding quality and under threat.

Prospective?

Prospective preservation predefines a building's status as monument, ensuring a building's longevity and protection even BEFORE IT IS PHYSCIALLY MANIFESTED.

1880年，我们保护的历史古迹可以追溯到大约2000年前。
1900年，保存仅有300年的东西也被列入，而到了1960年，关注于保护的"老"东西只有20年的历史。
我们保护的东西越来越年轻化，数量也越来越多。今天我们决定保留哪些是基于其未来的价值。

保护不再是一个追溯的问题，从未来前景来看，将是由经济因素而决定的。

世界各地的联合国教科文组织世界遗产地数量
的增加就像华尔街的股市。
我们认为尽管这两个范围可能看起来不同，但
实际上是同一个领域的一部分，尽管它们使用
不同的形式和词汇。其趋势正在变得不能不将
遗产作为发展的行业来看待。

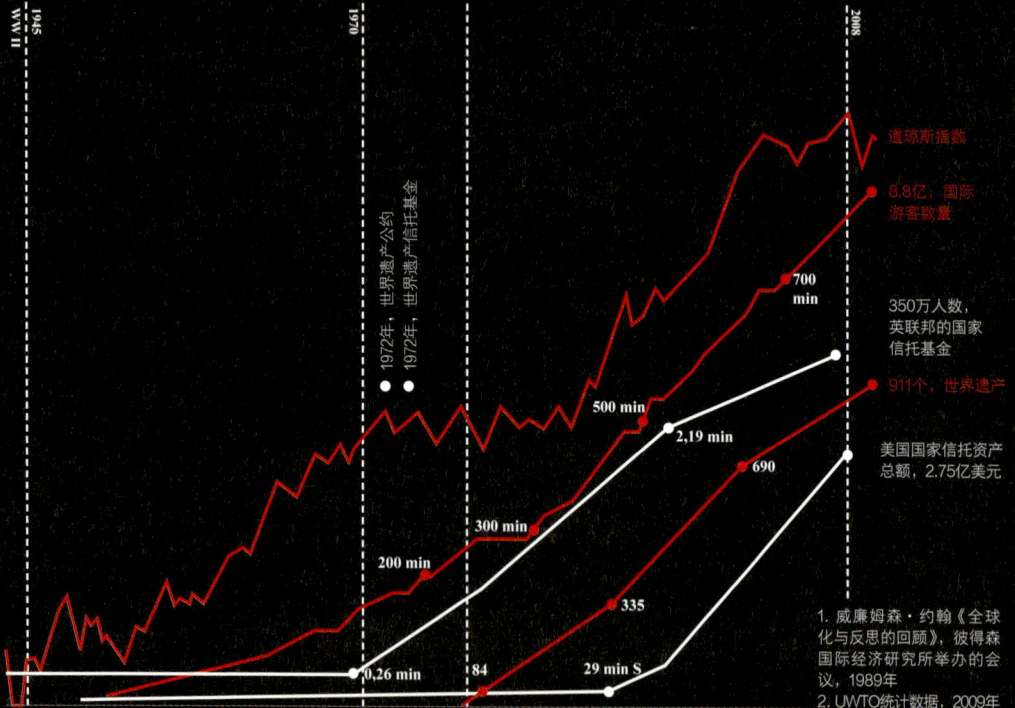

WW II

1945

1970

2008

1972年，世界遗产公约

1972年，世界遗产信托基金

道琼斯指数

8.8亿，国际
游客数量

700
min

350万人数，
英联邦的国家
信托基金

500 min

911个，世界遗产

2,19 min

美国国家信托资产
总额，2.75亿美元

300 min

690

200 min

335

0,26 min

84

29 min S

1. 威廉姆森·约翰《全球
化与反思的回顾》，彼得森
国际经济研究所举办的会
议，1989年
2. UWTO统计数据，2009年
3. 国家信托基金时间表
（1895-2007年）
4. 联合国教科文组织统计
数据，2010
5. 国家信托历史保护的美
国年度报告，2009
肯尼科特，菲利普国家信
托基金退休主任，华盛顿
邮报，2009年11月4日
里昂惕夫·丹尼斯

联合国教科文组织世界遗产保护区
地球表面的1%
土地的2.8%
水的0.2%

保护区
地球表面的12%

⊗ 文化遗产　　　　　　　704处

纪念物／文物：
建筑作品，纪念性雕塑和绘画，具有考古性质的元素或结构，铭文，窟洞以及综合体，从历史、艺术或科学角度具有突出的普世价值的作品。

建筑群：
在建筑、均匀性或与环境景观方面具有突出的普世价值的分离或连接的建筑群。

遗址：
从历史、美学、人种学或人类学角度看，具有突出的普遍价值的人为场所或人与自然的共同杰作以及考古遗址。

● 自然遗产——森林　　70处　　　　700万公顷
● 自然遗产——海洋　　31处　　　　780万公顷
● 自然遗产——其他　　79处　　　　290万公顷

自然特征（森林或者海洋）包括物理和生物构造或构造组成的自然面貌；它构成了濒危动、植物物种的特别栖息地，从科学或保护角度看，具有突出的普世价值。
自然遗址（森林或者海洋的）或明确划定的自然区域，从科学、保护或自然审美角度看，具有突出的普世价值。

■ 保护区

保护环境、文化或类似价值的区域，接受以下国家和国际权威机构的授权：

世界自然保护联盟保护区管理类别（国际自然保护联盟）：
分类Ia，Ib，II，III，IV，V
拉姆萨尔湿地
教科文组织人与生物圈（人与生物圈）
欧盟鸟类指令
欧盟栖息地指令
东盟遗产园宣言

地球上很大一部分（约12%）现在是禁地，囿于我们不知道的、没有进行过研究和我们无法影响的法规。
遗产保护分布图唤起一个世界，它被划分为已经激进变革的区域和保持同样激进的区域。我们只能开始思考这将会对建筑造成什么后果……
文化遗产保护的行业受市场经济调节的作用，正在成为全球化体系。然而，由于历史和文化背景有很大的不同，世界上所有地区的文化遗产保护不能使用统一的标准。

保护的主题是巨大的发展潮流中的一个不可分割的组成部分，它们似乎以更快的高速度改变着这个星球；而那些世界上宣布不可变的区域由于各种不同的保护制度，也呈现指数增长。

假如我们必须准备生活在这种情形里，那么世界遗产地可能会成为人口稠密且不断扩大的国家组成的"群岛"。

与此同时，文物保护的增长需要对立理论的发展：什么不需要保护、什么可以放弃、什么可以删除以及什么可以扔掉。我们称这个过程为"时代的混乱（Cronocaos）"，我们曾于2010年的威尼斯双年展上提出过这项研究。

由于我们分析的范围是北京，关于她我们需要更加透彻的分析，即她应该进行保护以及用什么方式来实施。

如果保护的主题是识别并支撑那些在城市中具有独特性的元素，那么北京是个巨大的混合体，其城市现状拥有相对新的建筑和共存的古老的城市肌理和胡同；两者都需要相同的考虑与关注。

与其总是关注貌似不可避免的部分——市中心，他们可以想象一些不同的保护措施……

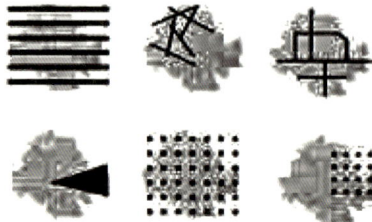

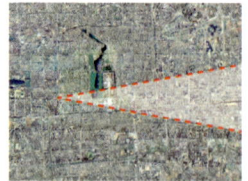

……一个"楔形"可以系统和没有审美偏见地记录所有全时段城市系统里的变化；点式网格可以作为取样的一种形式，一种考虑到不同城市情况的保护统计模型。

通过稳定的中心和不断变化的周边环境，城市将通过循序渐进的计划定义和充实：新与旧之间将是持续的对话，而不是风暴雨般的运动。

另外一个瞬息万变的城市是
迪拜，因此其保护领域需要
特殊的研究。

在谢赫扎耶德路（Sheikh Zayed Road）
这条著名的大街两侧塔楼林立，一
直延伸到迪拜的老城区——萨特瓦
（Satwa），一个由低层、廉价的建筑物
和各种文化背景的人的住宅而形成的居
住区。
这种共存具有难以想象的美，但这一区
域也注定不可避免地受到摩天大楼的入
侵而终结。

不同于划定全面保护区或是或
摒弃新城市的侵略的真实性，
我们建议创建保护和发展的交
替区域，通过相互对话而强调
两者。

我们最近在为圣彼得堡的冬宫而工作。从参观开始——托马斯·克伦斯，弗兰克·盖里和我，我们评估各种干预的可能性，为了使冬宫转化为一个现代化的平台，需要确定什么可以改动、保护还是拆除。

面对的第一个问题是，总参谋部大楼要附建一个包括冬宫广场在内的博物馆。

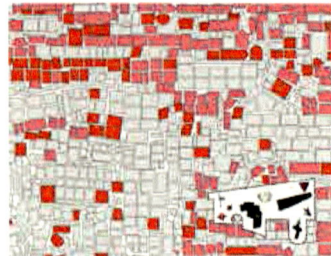

总参谋部大楼包括800个房间，而博物馆本身就包含有1200间房间。因此，问题就变成了如何处理一个拥有2000个房间的博物馆？

项目最有趣的地方在于，需要根据保留与更改的情况来确定适用于每一个房间的不同标准。在美国人看来，这里需要一个足够大的空间来展示自己国家的艺术品。

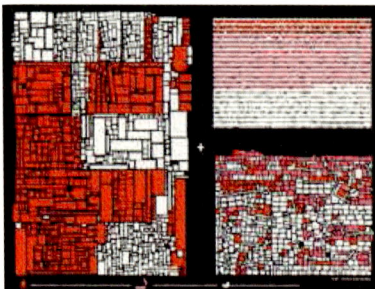

对我们而言，似乎更感兴趣的是博物馆从前的样子。

其迷人的地方在于，尽管博物馆被各种颜色涂得不怎么样，也没有空调，光线总是显得很冷，但带来的整体感觉却依然强劲，充满魅力。

这里你可以看到最著名的20世纪初的画，卡济米尔·马列维奇的《黑色广场》（Black Square），安装在挂着两个可笑的窗帘之间的墙面上，没有任何保护措施，只是贴着一个恐怖的标签，荧光灯直接打在画的表面。

但是对我来说，这确实是我参观过的博物馆中最触动我的。

在我们看来，令人印象深刻的是那些看似随意积累了艺术品的区域，散发出卓越策展策略的空间：通过包装纸的积累可以看出有数百个小型的艺术作品，一些是宗教题材，其他的是军事或者性方面的作品。

各种类型和神话被压缩到令人难以置信的密度，在我们看来和对我们的策展政策来说是难以做到的。

我们第一阶段的工作是评估将场地中相对衰败的部分用于展览的可能性。

我们想知道，如果我们没有被强制要求重组和提升每一样东西会发生什么，而我们可以在尊重历史和建筑衰败的前提下，创建一个新的更强烈的体验，同时使用新的策展思路。

因此我成了冬宫的建筑师，前提是：不能在现有的建筑中添加任何建筑。

在莫斯科我们目前为达莎·朱科娃（Dasha Zhukova）的项目进行设计：高尔基公园内的当代文化车库中心。

车库将被重新安置在建于20世纪60年代的一个餐厅建筑内，即知名的四季餐厅（Vremena Goda），其建筑为预制的混凝土建筑，已被弃置超过20年。
虽然这是一个废墟，结构却保留了当时苏联时期的"集体"的光环。
这是一个严肃朴实的公共空间，用瓷砖、马赛克和砖做装饰。

这建筑的损坏程度是我从未见过的。
仍然可以看到为数不多的、未被破坏者捣毁的墙面上的苏联标志。

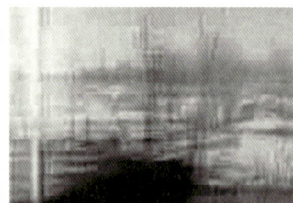

它在20世纪90年代被遗弃并暴露在各种恶劣气候中，而这里曾经是个餐厅——一度是高尔基公园里最有吸引力的地方——现在却是一片没有外墙的废墟。

我们的建议是一个极简主义设计：用新的双层半透明的聚碳酸酯构成的外立面包住现有结构，能达到过滤光线并得到抽象质感的视觉感受。

最近的另一个项目是在中东，
体现了我们对于叙利亚一系列
有意义的见解。
内战前不久，我们与其他建筑
师一起参加了一个由卢浮宫和
阿迦汗基金会联合倡议的一个
考古博物馆设计项目。

对以夸张的浪费资源为特点
的建筑师角色保持传统的抗
拒，转而尝试更为理性的方
案，我们的第一个想法是
不创造任何新东西，并且
将已有结构与新博物馆相
结合。

OBJECTS CATEGORIZED BY SIZES

然而，最终，我们选择了
不同的位置。
这个项目令人兴奋的地方
是给我们机会把重心放在
设备而不是建筑本身。

我们被一个理念着迷：博物馆被构思为一系列可以被廉价
生产的元素，但却能够适应任何条件并按照一定的规则组
合，从而创造出更类似于景观而非博物馆的东西。

DISPLAY
MODULE
TYPES

乡村

乡村，如今是一个在保守意识和驱动变革之间的一个
真正的"未知领域"。

在过去的10年里，我收集了
很多资料和理念关于过去曾
经忽略的领域：乡村。

我经常去恩嘎丁山上的一个村
庄，多年以来我已经看到了一
些变化。最初我们并不认为这
可能是一种模式，但最终还是
不可避免地成了模式。
这个区域的发展变化是欧洲乡
村变化过程的标志。

这些都是20年前我第一次来到这里
时候的村子的规模。

那时它已经是缺乏人气：原居
民都走了，但该村却扩大成了
以前的2或3倍。

一个自相矛盾的问题是：如何在人口减少的过程中，村庄却生长和繁殖？
乡村日益变成临时居住的形式。这可以被称为"缩减"，在这里建设区域增长相对应的
是使用强度的降低。

看着这样的现实更接近于寻找能解释这些变化的原因，我们已经发现了一些有意思的变化。

这是村里原始的建筑。建筑宗旨是按照设定的规则来保障这一真实性：一个有严格的规则的高度保守的途径以保护建筑遗产的原貌。

如今，我们在附近找到这栋房子它曾经是谷仓，根据传统风格进行了翻修。

其构架严格遵循所有现存保护建筑中的原则，但它也是一个完全不同的创作。

它是一个迄今未公开的现代化案例。

透过窗帘凝视，我们观察到当今的流行趋势，极简主义伴随着枕头丛生，几乎需要给这无形的痛苦进行一些缓解。

我们正试图了解那些年
发生了什么，使得1909
年普罗库金·戈斯基
（Prokudin-Gorskij）照
片中描绘的三名俄罗斯
乡村妇女和当下在瑞士
的乡镇广场的场景如此
不同，它反映了本质的
不同条件……

这是一个20世纪前的村庄，高
度仪式化的地方主义的形象。

这是如今的乡村：南亚
的三个妇女艰辛地背井
离乡从她们的国家到这
里为了照顾动物、儿童
和房子。

乍一看，这看起来像一个在印度工厂
的工人，实际工作他是在意大利的牛
奶厂里工作。

环顾周围，可以发现这片瑞士的区域不再由当地人料
理。取而代之的是从斯里兰卡进口的劳动力。

为了验证我们对于乡村转型的见解，并看看农村土地如果不做农业
用途还可以做什么。我们分析了阿姆斯特丹以北15公里的荷兰乡村
的12公里×3公里的带状土地。

在这里，我们发现了欣欣向荣
的非农业农村的雏形：一种
新用途的土地，定义为"中
间区"。

这是一个保存完好的区域，显
然与其他已建成区域没有发生
任何关系。

所选择的区域北至太阳城（Stad van de Zon），
一个持续扩展的新郊区的结果；南到被联合国教
科文组织列为世界遗产的阿姆斯特丹堡垒的保护
线；东至贝姆斯特圩田——它也是联合国教文
组织的世界遗产；西部到农田。在这些坐标里，
我们开始发现所谓的"中间地带"，一个中间的
区域。

这个带形地带正经历着一个时期，包括两个同时
发生又相互矛盾的现象。一方面，农民的活动正
经历着多样化。

而另一方面，还有城市居民的涌入，他们想尝试
农村的生活，被这种真实感受所吸引。

这两种相反的趋势创造中间地带的景观。

如今的农业已采用数字化操作。

例如拖拉机彻底颠覆19世纪的农场，它转型成一个计算机操作的工作站。一系列装置和传感器创造了驾驶员与大地之间完美的数字连接。

就工作条件来说，这乡村正变得非常接近城市。农场主也像我们一样：是一个可移动的工作人员，可以随时随地在笔记本电脑上工作。

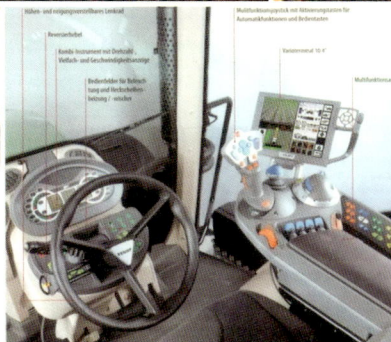

甚至牛奶生产和畜牧业也越来越自动化：挤奶、饲喂、马厩清扫和粪便清除等操作均是数字化技术，可由机器人完成。

这并不意味着它全是负面。但讽刺的是，如此剧烈的转变居然对我们的教育和思维模式的影响微乎其微。

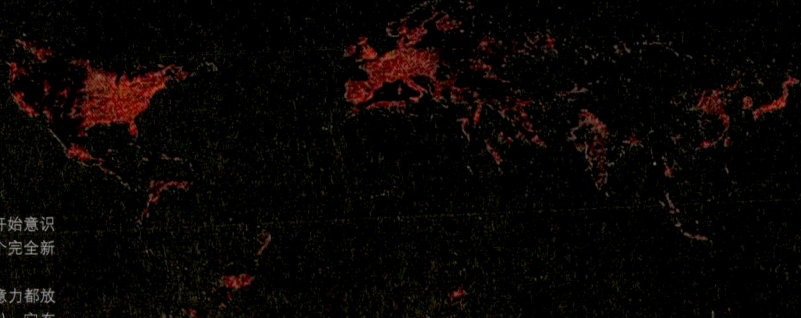

根据这些观察，我们开始意识到，农村正扎根于一个完全新的领域。

而我们几乎所有的注意力都放到红色区域（城市化），它在物质方面仅构成了地球的一小部分。

建筑书籍里充斥着宣扬城市环境无所不在的统计数据，而魔镜另一面的情况却被忽略了：人们搬进了城市后，什么东西被抛在背后？

2% - 50% - 75% - 80%

所有的其他区域——世界的更大范围则被忽视和误解。

而这些地区也都受到与城市相同的市场规则的支配。

而后将会看到农村成为人口锐减的地方。这片荒地正经历着新进程，并开展着新试验和转变。

98% - 50% - 25% - 20%

WEIZEN
2009   2011

MAIS
2009   2011

PALMÖL
2009   2011

农业商品的价格，
单位为美元/吨

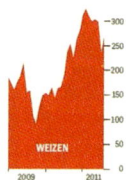

农业日益受到市场经济制约……

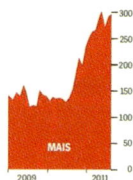

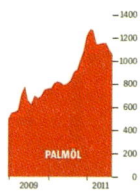

Want to
Make More
Than a
Banker?

Become
A Farmer!

Seriously, it's the best job in the 21st century.
Down on the farm, incomes are up

……这就是今天的新景象，
一个日益数字化的国度。

这种数字技术的新前沿正在改变我们看待甚至最遥远地方的方式，通过这种方式，我们可以了解城市的更多方面。

这是Heveta软件，它使我们可以识别和跟踪每一棵亚马孙丛林里的树木。广阔森林已成为一个可以全面盘点的环境，部落变为数字信息提供者。

无论在哪里都可以下达一个新的、复杂的指令。使奶牛牧场被有机组织成如同严密的城市和服务器，如今它们隐藏在偏远的森林和沙漠中——农村是这种情况的理想场所。

如今，乡村已被实施超卡迪尔秩序，结果却是将城市尺度强加于那些我们曾经熟悉的农村生活，那些诗意的氛围和自由的感觉。

Grand View feedlot, Idaho
30-65,000 head of cattle

VS.

目前乡村是转型过程的先驱。这曾经是受季节性和农业组织制约的地方，现在则是基因实验、科学、怀旧产业、季节性移民、疯狂购买土地、大量补贴、随机布局、税收优惠政策、投资、政治动荡的不良组合——换句话说，最不可预知的和最狂乱的城市……

乡村是超出我们视野和意识的各种发展趋势的混合。
目前对城市的痴迷，这个唯一引起人们关注的主题，却是非常不负责任的——实际上不了解农村就无法理解城市。
今日，我们开始更多地了解那些至今未开发的领域，而这一过程将在今后继续下去。

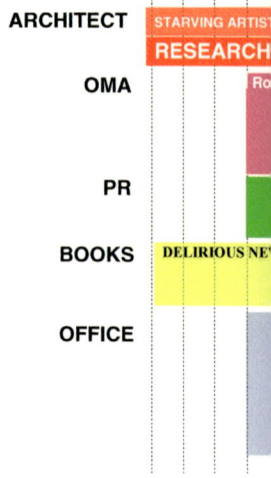

	1972	1973	1974	**1975**

WTC
Concorde
Oil Crisis
UN
Housing shortage NL

ARCHITECT

STARVING ARTIST

RESEARCH

OMA

Ro

PR

BOOKS

DELIRIOUS NE

OFFICE

OMA/AMO的职业地图，为博
科尼会议起草。

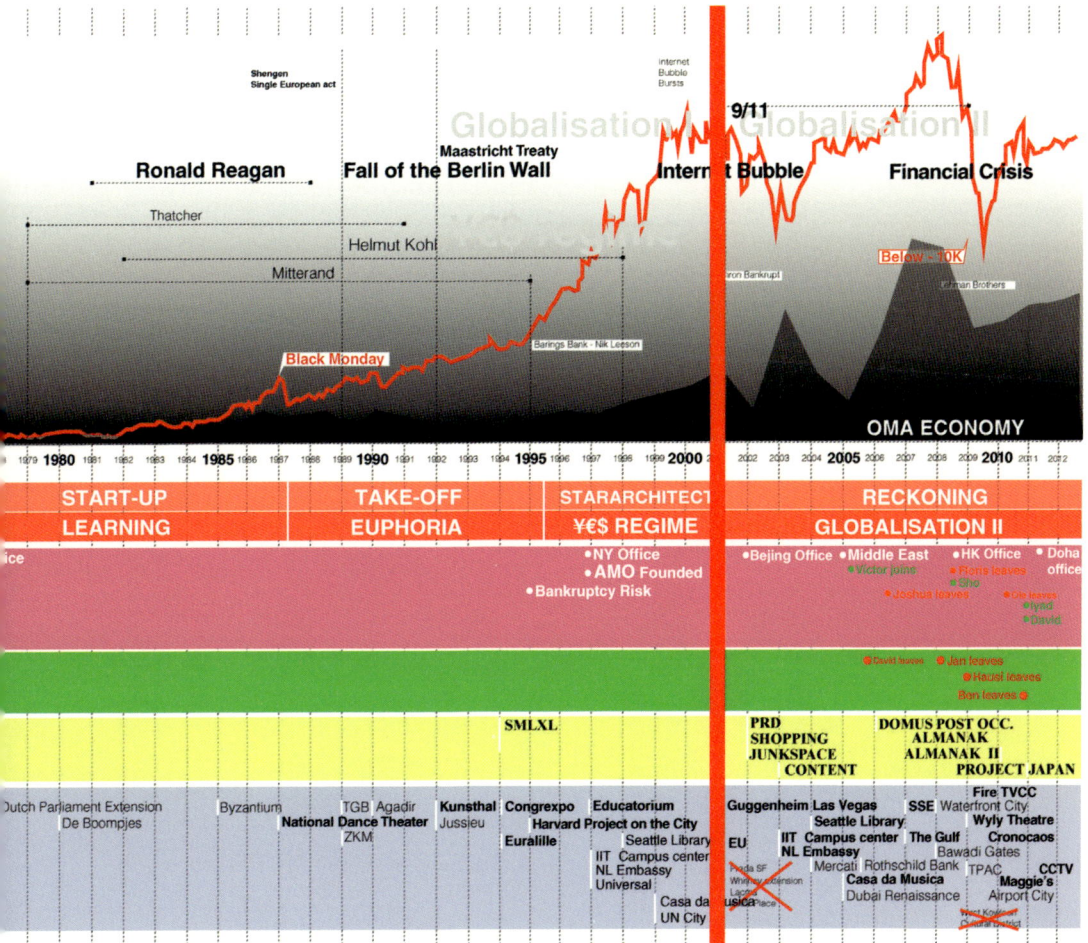

Shengen
Single European act

Internet
Bubble
Bursts

Maastricht Treaty

Globalisation | — Globalisation II

9/11

Ronald Reagan　　　**Fall of the Berlin Wall**　　　**Internet Bubble**　　　**Financial Crisis**

Thatcher

Helmut Kohl

Below - 10K

Mitterand

Enron Bankrupt

Lehman Brothers

Black Monday

Barings Bank - Nik Leeson

OMA ECONOMY

1979 **1980** 1981 1982 1983 1984 **1985** 1986 1987 1988 1989 **1990** 1991 1992 1993 1994 **1995** 1996 1997 1998 1999 **2000** 2001 2002 2003 2004 **2005** 2006 2007 2008 2009 **2010** 2011 2012

| **START-UP** | **TAKE-OFF** | **STARARCHITECT** | **RECKONING** |
| **LEARNING** | **EUPHORIA** | **¥€$ REGIME** | **GLOBALISATION II** |

ice

• NY Office　　• Bejing Office　• Middle East　• HK Office　• Doha
　　　• AMO Founded　Victor joins　• Rem leaves　office
• Bankruptcy Risk　　　　• Ole leaves
　　　• Joshua leaves　• tyndl
　　　　• David

• David leaves　• Jan leaves
　　• Hazel leaves
• Ben leaves

SMLXL	PRD	DOMUS POST OCC.
	SHOPPING	ALMANAK
	JUNKSPACE	ALMANAK II
	CONTENT	PROJECT JAPAN

Dutch Parliament Extension　　Byzantium　TGB Agadir　**Kunsthal** Congrexpo　**Educatorium**　　　　**Fire TVCC**
De Boompjes　　　　　**National Dance Theater** Jussieu　Harvard Project on the City　Guggenheim Las Vegas　SSE Waterfront City
　　　　　　ZKM　Euralille　　　　Seattle Library　　Seattle Library　　**Wyly Theatre**
　　　　　　　　　IIT Campus center　EU　IIT Campus center　The Gulf　Cronocaos
　　　　　　　　　NL Embassy　　　　　　Bawadi Gates
　　　　　　　　　Universal　Prada SF　Mercati Rothschild Bank　TPAC　CCTV
　　　　　　　　　Whitney extension　**Casa da Musica**　　Maggie's
　　　　　　　　　Casa da Lagos　Dubai Renaissance　Airport City
　　　　　　　　　UN City　USICA Place

110　　111

建筑师年表

由齐亚拉·斯班葛罗（Chiara Spangaro）编辑

1944　11月17日雷姆·库哈斯出生于鹿特丹。

1955　1952年之后居住在印度尼西亚的雅加达，因其父亲安东·库哈斯是文化合作基金会——一个促进印度尼西亚和荷兰之间的文化交流的机构——的会长（Sticusa），之后又随家庭回到阿姆斯特丹。

1963　开始了作为荷兰报纸《海牙森林邮报》的一名记者的职业生涯；同时在一个电影小组从事《1，2，3狂想曲》电影剧本创作，并且与荷兰电影学院接触并在那里写过剧本——与电影学院的联系是建立在他父亲从1968年就在该学院担任董事并任教。

1965　与朋友们雷内·达尔德、塞缪尔·梅耶棱、简·德·邦特、弗兰斯·布罗梅特一起制作了《1，2，3狂想曲》。电影的每一幕，每个“1，2，3小组”的成员都导演一个短剧，而其他人则扮演角色；在德·勃朗特导演的《国王与皇后》中，库哈斯扮演一个卷入与英国伊丽莎白女王感情的仆人的角色。

1968–1972　在伦敦建筑联盟学院学习建筑。

1969　参与《白奴》的编剧，与朋友达尔德一起写了《颓废偏心尔虞我诈》。

1970–1972　其两个理论性的建筑方案完成于这段时间：与玛德隆·威森朵尔普、埃利亚、佐伊·增西利斯合作的《作为建筑的柏林墙》与《逃亡，或建筑的自愿囚徒》；与卡里加里·卡比内特博士创立了大都会建筑事务所。由汉斯·乌尔里希·奥布里斯特[1]对库哈斯进行采访，并介绍他的第一个项目：“我对柏林墙一无所知，而我完全被很多在我面前的事情而震惊！例如，我无法理解西柏林是如何被柏林墙禁锢，我从来没有想过真正关于西柏林的状态，被一面墙包围着却称之为‘自由’的谬论，而只知道墙之外的广大地区却不是这样认为的。第二个出乎意料的事情是当我意识到柏林墙不是一个单独的物体，而是一个由不同现实组成的一个区域巨大的系统：拆除建筑给柏林墙留出位置，建筑物的断面仍完好保留，嵌入柏林墙与墙壁融为一体，有些墙体厚重而现代，有些则比较薄弱。”第二个项目的标题影射了冷战时期的西柏林及其狭窄作为飞地并被禁墙所包围的境况——实际上是人们自愿寻求庇护的一个大城市规模的监狱。《逃亡》提供了一种被墙包围的城市的形式，随着长条形用地而延长，建筑创新和政治颠覆，以一种新而强烈的城市文化，跨越伦敦的城市结构。

1972–1973　获得哈克尼斯奖学金，搬到纽约进行长时间的学习和研究：在康奈尔大学的建筑师奥斯瓦尔德·马蒂亚斯·翁格尔斯事务所工作直到1979年；作为访问学者到彼得·埃森曼领导的建筑与城市研究学院（IAUS）深造。

1974　与他的学生劳琳达·斯皮尔合作的迈阿密住宅项目，获得美国杂志“进步建筑”奖。

1975　1月1日与妻子玛德隆·威森朵尔普（Madelon Vriesendorp），同事埃利亚（Elia）、佐伊·增西利斯（e Zoe Zenghelis ）成立了总部设在伦敦的OMA——大都会建筑事务所——其宗旨是在理论与实践中定义建筑与当代文化背景的新形态关系，并实际加以执行。

1　汉斯·乌尔里希·奥布里斯特．访谈录第1卷，发现想象皮蒂基金会[M]．米兰：卡尔塔出版社，2003：507．

1976	从这一年直到1980年，与埃利亚·增西利斯一起指导伦敦建筑联盟学院的建筑学位（Diploma）第九组，接替莱昂·克瑞尔，在扎哈·哈迪德、埃利亚斯·维尼里斯、斯特凡诺·德·马蒂诺等人中的一些形成了OMA早期合作伙伴。
	"学位（Diploma）第九组的愿望是重新发现并发展在20世纪末的城市规划的适宜形式；该时代发挥了高密度住宅的可能性，给予都市生活的批判性再教育的新建筑场景。"[1]
1978	同时在美国和欧洲（伦敦和巴黎）发表《癫狂的纽约》一书；纽约的所once门·R·古根海姆美术馆专门为OMA的作品举办"闪闪发光的大都市"展览。同年与扎哈·哈迪德、理查德·珀尔马特、罗恩·施泰纳、埃利亚斯·维尼里斯和埃利亚·增西利斯参与位于海牙的荷兰议会增建方案的竞赛，这一设计团队获得了一等奖。
	在此期间，库哈斯离开纽约，投身于在欧洲的建筑实践、理论与历史研究；而只有2000年时候才再次回去。
1980	参与柏林考赫施特拉瑟的住宅楼的国际设计竞赛，最终阿尔多·罗西赢得竞赛。
1982-1983	荣获巴黎维莱特公园规划设计竞赛一等奖；次年法国政府邀请OMA设计即将到来的1989年巴黎世界博览会（未实现）。
1986	库哈斯获得鹿特丹马斯坎青年建筑师奖。这一期间，他大部分时间留在鹿特丹，作品有一个公交客运站——已经被拆除；以及一个舞蹈剧院，完工于1987年，该项目在海牙市政府的竞赛中荣获一等奖。
1988	OMA事务所在鹿特丹设立分支，库哈斯与基斯·克里斯提安瑟和罗恩·施泰纳成为合伙人，并且OMA事务所成立了大都市基金会——这是一个新的部门，由唐纳德·范·丹斯科领导，旨在研究城市规划、策划与推广出版物与展览。第一个研究课题题目是"当代城市"，它不是对欧洲历史中心的关注，而是无名的郊区，这些就像鹿特丹和柏林周边的空地一样，是对"20世纪可怕的辉煌"的表达。
1988-1989	库哈斯终于与荷兰的大学进行合作，任教于代尔夫特理工大学并组织了题目为"荷兰建筑的现代化进程如何？"的国际会议。这些年完成了瑞士的富尔卡山口房屋扩建；建在格罗宁根的视频巴士候车亭；参展"多么美好的世界！建筑中的MV"；在鹿特丹波伊曼·凡·布宁根博物馆的"第一个十年"回顾展，展出了OMA第一个十年的活动历程。
1990	从这一年开始在剑桥的哈佛大学（马萨诸塞州）讲课，至今仍然是建筑与城市设计实践课程的教授，并锁定在"城市项目"这一课题，研究世界城市的变化状况。
1991	巴黎的达尔雅瓦别墅设计获得了建筑观察奖Prix d'Architecture du Moniteur奖，同年施工。
1992	参与了很多竞赛，包括日本横滨总体规划、阿姆斯特丹市立博物馆、巴黎朱西厄大学图书馆。还有在休斯敦莱斯大学（德克萨斯州）开设了一门讲授课程；设计了荷兰的鹿特丹当代美术馆。
	仍然是1992年，日本建筑学会颁奖于名为"纳克索斯世界"的福冈香椎集合住宅设计，该设计于1991年完工。
	欧洲里尔项目获得安东尼·高迪和奥林匹克奖："在里尔复杂城市背景里设计了约

1 埃利亚·增西利斯，雷姆·库哈斯，扎哈·哈迪德，第九组的方案在P.布坎南于1976-1977年完成准备建筑评论[J].1983,CLXXXIV（1040）64.

百万平方米的一个全新的城市总体规划"。城市规划方案是基于两个因素共同影响的欧洲发展经验的结果: 英吉利海峡隧道连接欧洲和英国以及法国高速铁路网(TGV)与伦敦相连。同年在洛杉矶盖蒂中心做访问学者(CA)。

1994 除了法国里尔会议展示中心和鹿特丹博物馆公园,还参加了伦敦泰特现代美术馆和东京埼玉竞技场的竞赛。年底,在纽约现代艺术博物馆进行巡回展,题为"雷姆·库哈斯与公共建筑场所"。赫伯特·马斯卡姆在11月4日的《纽约时报》写道:"纽约市最具灵感的设计师生活在伦敦,工作在鹿特丹,却尚未在北美的建造任何东西……千万不要错过!" [1]

1995 与平面设计师布鲁斯·茅一起出版《小,中,大,超大》。这是一本汇集了OMA工作的书,"一个关于建筑的小说",于1997年荣获由美国建筑师学会颁发的奖励。

扩展与亚洲业界的关系,在日本已经很活跃,同时活跃在韩国首尔以及泰国曼谷。在泰国,1996年设计了超建筑:建筑利用超级集中的住宅和服务房间提前解决人口过剩的问题。

1996 在环球影城新总部的设计过程中,OMA被多媒体世界发生的日新月异的变化而深深吸引。缺乏稳定性使建筑师认识到加强虚拟领域的重要性。对信息媒体专业人才需求的增加推动了OMA于2002年创建AMO,一个专注于虚拟世界的新公司。

1997 开始设计鹿特丹综合体,预计在2013年完成的垂直城市的概念,以及荷兰乌特勒支大学校园的教育中心。

1998 在靠近法国波尔多的弗卢瓦拉克建造了一个别墅,一个完全为了行动不便的人而设计。波尔多建筑中心的梦想之弧非常好地阐述了OMA的《生活,生活,生活》。

1999 年初,波尔多住宅——1998年被《时代杂志》评为年度最佳建筑设计,并被授予银角尺建筑奖;乌特勒支大学校园的教育中心获得格里特·里特维德奖;阿尔梅勒城市新建设的规划由于部分高密度使用空间而获得荷兰政府的奖励。

2000 因耶路撒冷考古公园设计,库哈斯获得普利兹克建筑奖。凯悦基金会主席托马斯·普利兹克在颁奖仪式中讲道:"在千禧年伊始,陪审团选择了这样一位与未来有着巨大的共鸣的建筑师是非常恰如其分的。"

2001 建造拉斯韦加斯古根海姆冬宫博物馆,为了给威尼斯人度假酒店中的印象派艺术的展览空间。在纽约设计了普拉达的Epicenter旗舰店——一家独一无二的精品店,把公共空间、展览画廊和表演以及实验室融合在一起。另外还有在切尔西的莱曼莫平画廊。

2002-2003 开始打造中国CCTV中央电视台新总部,使用一种另类的摩天楼建筑形式,2012年完工。为同一个客户设计了媒体公园和电视文化中心,这些也会在2012年竣工。

次年设计了柏林的新荷兰大使馆;受到日本艺术协会授予高松宫殿下纪念世界文化奖的建筑奖;11月中旬在柏林新国立美术馆的设计及建成建筑回顾展,题为"内容"。

参加了一些设计竞赛,在德国美茵河畔的法兰克福的欧洲中央银行,以及巴黎大堂的设计。

2004 伦敦建筑联盟学院为他颁发英国皇家建筑师协会(RIBA)皇家金奖。此奖项成立于1848年,为褒奖为建筑工作做出的杰出贡献和国际化影响的建筑师,皇家金奖是女王

1 赫伯特·马斯卡姆. 库哈斯对纽约的想法
[M]. 纽约时报, 1994-11-4.

陛下亲自批准，每一年颁发给一位建筑师或建筑合作团体的奖项。

这年值得记录的项目是：韩国首尔三星美术馆，海牙地下铁路线，美国西雅图中央图书馆，以及为了2010年上海世博会的研讨。

2005~2006　OMA设计的柏林的荷兰大使馆荣获密斯·凡·德·罗欧洲当代建筑奖。

建造葡萄牙的波尔图音乐厅和首尔国立大学艺术博物馆，同时参与的竞赛包括：墨西哥下加利福尼亚州的伯兰爵海湾五星级度假酒店，瑞士洛桑联邦理工学院的扩建。

次年，在伦敦建造了蛇形画廊新临时展馆和罗斯柴尔德银行新总部。纽约州（NY）伊萨卡的康奈尔大学建筑、艺术及环境规划学院的米尔斯坦因馆的扩建和德国埃森的关税同盟煤矿工业建筑群——将一个煤矿炼油厂改造成一个博物馆和多功能中心，这两个项目已经完工。

2007~2009　在2007年荷兰阿尔梅勒镇的城市建设项目完工，该项目始于1994年；"一个居民超过10万的城市……被证实具有短期巨大的潜力和强大的活力，适合建筑创新实验。阿尔梅勒即将到达人口激增时段，需要尽可能重新定义它的城市导向，并且预计十年后人口将达到一个中等城市的临界点。"

次年开始新的米兰普拉达基金会项目，是由一个占据了整个街区的废弃纺织厂改造项目，将于2015年完工。客户同样是普拉达委托的设计——首尔变形普拉达，作为文化活动展示的超轻临时结构。普拉达变形是一个不规则的四面体，可以以每一个面为基础自转四次。每一面作为基地时内部都是一个不同主题的文化展示空间——主要是艺术展览和时装，电影和时装秀。造型独特的钢架结构被一层特殊的膜包裹，该膜由荷兰的Cocoon Holland BV公司制作。

2009年得克萨斯州达拉斯市的迪和查尔斯·威利剧院完工。[1]

2010~2011　在威尼斯"第十二届威尼斯建筑双年展"获得金狮终身成就奖，在那里还设计修复了德国商馆——一栋位于大运河畔建于1228年的建筑，它在拿破仑时代就已成为威尼斯德国商人的"贸易站"。

参加竞赛为：深圳的前海城市港口，摩洛哥的拉巴特国家考古和地球科学博物馆，北京的中国美术馆，法国斯特拉斯堡的欧洲学院，以及巴黎司法宫。对于NAi——鹿特丹的荷兰建筑中心设计一个新的半永久展示空间NAi宝库（珍宝），名字来源于半地下空间的位置，迄今为止仍未对公众开放。

2012　在巴黎与普拉达和艺术家弗朗西斯科·韦佐里一道，将1937年由奥古斯特·佩雷设计的耶拿宫改建成一个社会和建筑动态研究的临时场地。

夏季，设计了三种不同类型的建筑装置，目的是希腊国家古典戏剧学院在锡拉库萨的古希腊剧场（公元前5世纪）举办的一年一度的古希腊戏剧节。该戏剧节共上演三个曲目，分别是埃斯库罗斯的《被缚的普罗米修斯》、欧里庇德斯的《酒神的女信徒》和阿里斯托芬的《鸟》。

这一年参加的竞赛项目：博洛尼亚的Technopole，米兰博科尼大学新校园，纽约425公园大道塔楼设计，澳大利亚墨尔本的莫纳什大学扩建。

1　与REX建筑事务所合作
达拉斯剧院。

2013   1月被任命2014年威尼斯"14届国际建筑双年展"的建筑部门总监，负责具体实施项目。
                       同时完成香港的莱曼莫平画廊工程和布置展览："当态度变为形式：伯尔尼1969/威尼
                       斯2013"；6月在威尼斯的王后宫（Ca' Corner della Regina）开展。继续参加重大国
                       际竞赛，其中有：哥伦比亚的波哥大国家行政中心，加利福尼亚的圣莫尼卡广场，中
                       国昆明的西南国际民族文化中心。

OMA

OMA是从事建筑、规划和文化分析的领先的国际事务所。OMA在全球的建筑和总体规划中彰显着理
性形态，并同时创造日常空间使用和内容的新可能。OMA由6名合作伙伴组成——雷姆·库哈斯、
艾伦·房龙、赖纳·德·格拉夫、重松象平、依亚·阿拉斯卡、大卫·贾诺腾——通过鹿特丹、纽
约、北京、香港以及多哈事务所来开展国际业务。由OMA设计和仍在施工的建筑物包括：台北表演艺
术中心、北京电视文化中心，以及卡塔尔首都多哈的三栋建筑。

OMA最近完成的项目有：北京中央电视台新总部——一个具有"无限循环"的过山车形式的"重新
雕琢"摩天楼；新庭，罗斯柴尔德银行的伦敦总部；纽约州伊萨卡的康奈尔大学建筑、艺术及环境
规划学院的米尔斯坦因馆的扩建；苏格兰的格拉斯哥为癌症疗养中心马吉医疗中心。之前的一些现
在已经完工的有：得克萨斯州达拉斯市的迪和查尔斯·威利剧院（与REX建筑事务所合作，2009年）；
韩国首尔变形普拉达多功能旋转展厅（2009年）。已完成的设计成果并得到广泛褒赞的包括：葡萄牙
的波尔图音乐厅（2005年）；西雅图中央图书馆（2004年）；荷兰驻柏林大使馆（2003年）；芝加哥伊
利诺理工学院校园中心(2003年)；纽约普拉达Epicenter旗舰店（2001年）。

雷姆·库哈斯和OMA的作品获得多项国际大奖，其中包括：普利兹克建筑奖（2000年），高松宫殿下纪
念世界文化奖的建筑奖（2003年）；英国皇家建筑师协会（RIBA）皇家金奖（2004年）；密斯·凡·德·罗
欧洲当代建筑奖（2005年）以及在"第十二届威尼斯建筑双年展"金狮终身成就奖（2010年）。

AMO

OMA全面进行建筑实践，AMO则是一所专注于研究和设计的工作室，总部设在鹿特丹。OMA是一家致
力于建筑与城市规划设计的事务所，而AMO除了从事建筑传统范畴之外，还涉及主要在媒体、政治、
可再生能源、科技、出版及时装等领域。AMO往往同时平行服务于OMA的客户，给予客户在丰富的建
筑实践与这一学科智能化认知相结合的服务。这就如纽约洛杉矶的普拉达"Epicenter店"，AMO对于
其定位、店内技术发展以及对于表达内容——制作的新可能性都是时尚的重要部分的研究，来协助
OMA对于专卖店的建筑设计。在2004年，欧盟委托了AMO事务所视觉传播研究室，其成果是一个"条
码旗帜"——即将欧盟各国的国旗融合而组成一个色彩丰富的符号。奥地利为欧盟轮值主席国期间
一直被延续使用。AMO曾为环球影城、史基浦机场、阿姆斯特丹、喜力、宜家、康德纳斯和哈佛大学
工作。除了曾设计展览在威尼斯艺术双年展（在圣彼得堡的冬宫博物馆），还在建筑学方面（海湾的
保护和发展），也合编过一些杂志*Wired*和*Domus*。

最近的项目包括扩展到整个欧洲网络的可再生能源的计划，720页的建筑代谢运动的卷宗被命名为
《日本计划》，还有莫斯科斯特莱奥卡的新高等院校计划。

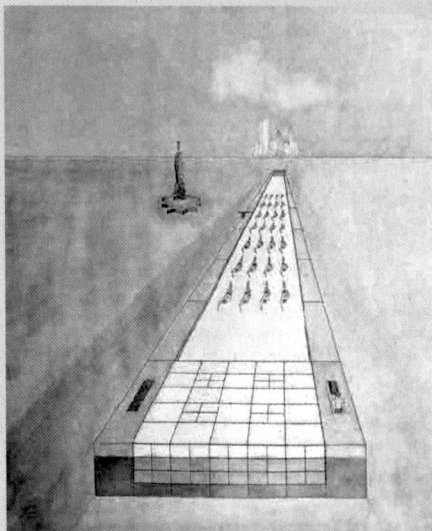

浮动池的到来

　　　　　1977年,《癫狂的纽约》库哈斯